风物
中国志

陈曼庆
刘勋 主编

盐池

FENGWU
ZHONGGUOZHI

YANCHI

CTS K 湖南科学技术出版社 · 长沙

目 录

地

在盐池，从南到北，地貌景观差异明显；千百年来，农牧经济的边界来回摆动；不同民族的人群迁出、进入、融合；生态环境经历了开发、破坏、修复。在由一系列变量组成的历史中，忧患与机遇并存，甚至相互转化。如果非要在这些变量中找出共同点，那就是盐池人因时因地制宜的适应能力，帮助他们克服困难，坚忍前行。

道

历史上，盐池县有大小盐湖二十多处，是历代产盐重地。汉代时，盐池即设有盐官；宋夏时，盐池盐是宋夏经济的重要来源之一；明代，盐池是宁夏后卫中的重要边防地，盐同样是受到保护的重要资源；在革命战争时期，盐池是陕甘宁边区重要的产盐地，被称为"聚宝盆"，特别是在大生产运动期间，盐池县是贡献突出的"经济特区"和生产富地。

风

在华夏文明的坐标轴上，盐池是一个古老且神秘，偏远但神奇的地方——多元文化在此交流、碰撞、融合，锻造出丰富多彩的文明成果。在复杂的社会进程中，小小的盐池总能以积极开放的文化姿态，配合灵活的创新手段，充分吸收多元文化因子，努力调整发展坐标，顺势而为，成为华夏文明史中生命持久的一颗耀眼之星。

物

盐池县是中国著名的"中国滩羊之乡"。特殊的地理、气候、水质和草场，孕育出风味独特的盐池滩羊肉，盐池滩羊既是国家地理标志保护产品，也是六登国宴的羊肉"顶流"。盐池县持续推进滩羊高端化、绿色化、智能化、融合化发展，不断提升"盐池滩羊"品牌发展格局，"盐池滩羊"区域公用品牌价值已突破106.82亿元，对群众增收的贡献率超过80%。

盐池境内明长城 "固原内边" 上的烽火台。摄影 / 陈静

地道风物

在盐池，从南到北，地貌景观差异明显；千百年来，农牧经济的边界来回摆动；不同民族的人群迁出、进入、融合；生态环境经历了开发、破坏、修复。在由一系列变量组成的历史中，忧患与机遇并存，甚至相互转化。如果非要在这些变量中找出共同点，那就是盐池人因时因地制宜的适应能力，帮助他们克服困难，坚忍前行。

盐池：
边地的逆转

撰文
聂靖

我们可以很容易地从中国政区地图中找出盐池县的位置——宁夏回族自治区，"十"字形版图的"右臂"便是盐池。盐池县的北、东、南缘与内蒙古、陕西、甘肃相接，只需在宁夏的"十"字中心偏右处补上一条纵向的线，便基本能圈出盐池的县域。盐池以滩羊出名，它的版图就像一张摊开的滩羊皮，宽大而整齐。

如果再加点难度，去掉政区线呢？那也不难。长江、黄河是中国的母亲河，也是世界级大河，出现在地图上是必然的。有意思的是中国地图上往往标记有长城，后者象征着中国厚重的历史与文化传承。在中国地图上核心地理要素和文化要素的交汇处，我们就能找到盐池。首先定位到黄河"几"字型转弯的"丿"，接着找到这段黄河与长城相交的点（银川横城堡），从此处沿着长城方向往东南一些就是盐池，盐池县花马池镇就坐落在长城脚下。如果是比较详细的地图，你会发现河东长城有一段两道长城并行的地方，便基本对应盐池县境的北沿。

长城南北，古道东西

长城为理解盐池县域提供了最佳视角。现在的盐池县城源自明代为守卫边关而设置的花马池营，明清时期经历了花马池守御千户所、宁夏后卫、花马池分州等建置，直到民国设县，政治中心始终未变。更为重要的是，长城圈定了盐池的县域。盐池北部的头道边（也称"深沟高垒"）[1]、二道边（也称"河东墙"）统称河东长城。毛卜喇堡东至兴武营段的长城直接组成了盐池县北界，兴武营继续往东的县界则在长城以北约 10 千米。

最初，民国设县时的北界就是长城本身，1936 年红军攻克盐池，控制范围向北推进至长城外，形成了现在的县域。盐池的

---

1. 学界普遍认为头道边即王琼所修建的深沟高垒，但也有学者认为二者不可直接等同。

盐池县地形图

数据来源：中国科学院地理科学与资源研究所

盐池县隶属宁夏回族自治区吴忠市，地处陕、甘、宁、内蒙古四省（自治区）交界地带，总面积8522.2平方千米。县境内地势南高北低，海拔1295—1951米，北接毛乌素沙地，属鄂尔多斯缓坡丘陵区；南靠黄土高原，属黄土丘陵沟壑区。地理上属典型的过渡地带，自南向北地形从黄土高原向鄂尔多斯台地过渡。盐池日照长、温差大，属典型的温带大陆性季风气候。

内蒙古自治区

银川　盐池在宁夏的位置
宁夏　盐池

灵武市

圭塔
兴武营古城遗址
营西
硝池子
睿子梁唐墓
苏步井
尖尖山石窟　高利乌苏
北大池
二步坑
冒寨子
东塘
高沙窝镇
芨芨沟　李华台
施记圈
长流墩　南梁
李庄子
牛记圈
张家场古城遗址
李记沟
柳杨堡　沙边子
高平堡古城遗址
皖记沟
差洞沟
孙家楼
曾记畔
沙生植物园
郭记沟
鸦儿沟
刘四渠
花马池镇　盐池县
郑家堡　王乐井乡
洪咀子小湖
官滩
苦水洞
双圪垯
花马寺
苟池
隋长城
二道边
灵武盐场湖
细石器文化遗址
佟记圈
头道边
铁柱泉古城遗址
冯记沟乡
暴记春
月儿泉　郝家台
莲花池
古城遗址
老盐池
平台
马儿庄　茴强
丁记掌
干
支
青山乡
方山
营盘台
麦垛山遗址
灵应山寺
汪水塘
惠安堡镇
大水坑镇
宋堡子
红井子
二道沟
陕西省
惠安堡盐湖西古城遗址
新泉井
莎草湾
红寺堡区
环县
惠苑
杜家沟
向阳
玉新庄
东风
狼布掌
摆宴井
胶泥湾
林记口子
井滩子
后洼
固原内边
同心县
萌城
杏树湾　宝山寺
麻黄山乡
沙嵧崾
四股泉
管记掌
甘肃省
西川河

图例

●	县（市、区）行政中心
●	乡、镇、街道办事处
○	行政村
✿	重要景点
	自治区（省）界
	地级市界
	县（市、区）界
	长城
	河流、湖泊
	盐湖
	宁夏哈巴湖国家级自然保护区

比例尺 　0 ⊢———⊣ 12千米

盐池阎王砭。这里的地貌与盐池北部
平缓的荒漠景象迥然不同，如黄土高
原般沟壑纵横，地貌多深沟悬崖
摄影／车华

南界也是由长城划定的，这段长城在全国地图上没有标记，但如果翻阅专门的长城地图，就会看到这条"固原内边"。它是盐池与甘肃省环县的分界线，沿线烽燧（即烽火台）的归属在宁夏和甘肃间几次变动。

固原内边是明长城的第二道防线。明中期以后蒙古军队时常从东西两个方向突破长城，南下侵扰中原腹地，西线经过宁夏中卫一带，东线则经过花马池。朝廷在固原设置了三边总制府，总控当时的延绥、宁夏、甘肃三大军镇，又修筑了内长城加强防御。南北两道长城围出的盐池县域，是保卫固原乃至关中的战略缓冲区。后来蒙古南进以东线为主攻方向，三边总制府移驻花马池，盐池的战略地位更加显要。

战争时起到"关门"作用的盐池，在和平时期又有"开门"的条件。由于毛乌素沙地的空间阻隔，内蒙古鄂托克旗、鄂托克前旗和盐池的交通往来较周边其他地区更为便捷，清朝时，花马池是宁夏地区在长城沿线开设的三处贸易口市之一。这种门户功能延续至今。

中国长城的走向基本与当代400毫米等降水量线一致，农耕与游牧两种社会经济形态在此分野。这种分野不是固定不变的，当经营农业的民族占主导时，界线就会往北延展；若是习于游牧的民族占优，这条界线又会南移。宁夏是一处特例，由于银川平原的富饶与贺兰山的战略价值，宁夏长城比自然的农牧边界更偏北。盐池境内固原内边的年平均降水量约为350毫米，河东长城则在250毫米左右，已经接近草原与荒漠的分界。固原内边往南是农耕区，河东长城往北是牧

区，两条长城之间的盐池正好处在过渡带。

近代以前，过渡带也是交错带，农田与牧场如插花般地交替出现。明清以后，大规模的开垦等行为导致土地沙化，耕地不断往南退却。如今，我们基本能从地貌差别中直接划出农牧地带的分界线：盐池南部麻黄山乡以及惠安堡镇、大水坑镇的部分地区属于黄土丘陵区，也是主要的农耕区；其余中北部乡镇属于鄂尔多斯缓坡丘陵区，约占县域面积80%，产业以畜牧业为主。因为牧区广阔，盐池县成了宁夏唯一的牧区县。如果你驱车从县城一路向南，会观察到沿途的景观差异：起初多为缓坡台地，也就是滩羊的"滩"，偶有山梁出现；越往南走梁地越多，沟壑纵横，时常可见几近垂直的陡崖，这是水土严重流失的表现。植被变化也颇为分明，四五月份北部台地的灌莽方才由黄转绿，而南部山区早已是春意盎然了。

解放战争时期，国共两党在盐池对峙，共产党控制了县内绝大多数地区，以花马池为县治；国民党则退守县西南惠安堡一带，仍保留盐池县的建制。1947年，国民党军马鸿逵部攻陷盐池，中共盐池县委转移至县东南李塬畔一带。

历史上，盐池南北也多次出现分属不同地区的情况。唐代，盐池东北大部分地区属于盐州，治所在今陕西定边；西南惠安堡一带则是灵州温池县境，州治在今吴忠市北。明代盐池北部东西分设兴武营、花马池两个千户所，西南惠安堡一带则归属于灵州千户所，治所在今灵武市。

惠安堡自古便比肩花马池是有其地理背景的。惠安堡古城虽然也位于灵盐台地，却

盐池北部的头道边、二道边统称为河东长城，它们在兴武营向西相距 10 米左右，一直延伸到清水营，合并后至银川横城堡。摄影／丁翔宇

是以南部山区为腹地。发端自甘肃省环县的苦水河自东南向西北贯穿惠安堡镇，最终在吴忠汇入黄河，苦水河流域处于银川与西安的连线上，自古就是交通要道。

据历史地理学者鲁人勇考证，唐末宋初时此条古道迎来高光时刻，由于吐蕃帝国占领河西走廊，丝绸之路常规路线受阻，中原前往西域只得选择绕行灵州，惠安堡成为必经之地。这条"灵州西域道"基本与2020年底通车的银西高速铁路重合，高铁在惠安堡设站，可说是相隔千年的古今辉映。

生长在盐池长城脚下的高万东、陈静夫妇是当地著名的长城爱好者，十余年间他们跑遍了盐池的每一段长城和每一座烽燧，走访周边百姓、记录长城影像。在他们合著的《图说盐池长城》中附有一张《盐池县古城、长城、烽火台分布图》，地图上标记的遗址细节异常丰富。通过观察地图，我们发现烽燧不仅沿着边墙修建，也设置在交通要道沿途。

盐池境内有两条独立于边墙之外的烽燧线，"环灵线"从萌城堡到惠安堡，也就是上文提到的灵州西域道；"防秋道"从花马池到惠安堡，向西南延伸至固原，是用于军情传递的驿路。南北长城加上这两条烽燧线，呈"乙"字型包围并分割了今天的盐池县域，提醒我们长城不仅有纵向的防御、隔断作用，也具有横向的联络和信息传递功能。

今天通过盐池县境内的铁路线，除了银西高铁，主要是东西走向的太中银铁路，其北路平行于河东长城途经盐池县城，南路自惠安堡横贯县境，两条线路在陕西省定边县汇合，继续向东穿过陕西，到达山西省太原市。太中银铁路是宁夏通往东部最便捷的通道，盐池作为宁夏"东大门"的区位价值不言而喻。

"盐"的出处与出路

长城与农牧交错带沿线城市众多，是什么让盐池变得与众不同？答案就在它的名字里——盐。

盐池地处青藏高原东北缘，地质上直接受到青藏高原构造运动的影响。2600万年前，这里还是一片水域，经过漫长的地质变迁，湖水壅积收缩，形成今日盐池境内二十多处大小盐湖。盐池两个区域中心的自然与交通条件虽有不同，但它们有一个显著的共同点就是紧邻食盐产地。

惠安堡边上有惠安堡盐湖，盐池县城东南7千米是苟池盐湖、往北17千米是北大池盐湖。虽然苟池与北大池在1949年后分别划归陕西、内蒙古，但从地图上不难看出当初县城的选址与这两座盐湖关系密切。盐池境内最早的城市遗址张家场古城位于北大池西南约4千米处，在古城址与北大池之间有古道遗存。自北朝后期一直到西夏灭亡，盐池县大部分地区属于盐州下辖，"盐州"二字把城市与盐业的关系体现得淋漓尽致、一目了然。

盐是日常生活的必需品，也是重要的战略资源，中国历史上很早就把盐业纳入国家管控，实行专卖。惠安堡盐湖在汉代属于安定郡三水县，由朝廷专门设置盐官管理盐

北大池盐湖，曾是唐代盐州所在地，抗战时期划归内蒙古。摄影/陈静

务。中国历史上的盐政大体有三种模式，汉代的盐从制造、管理到运输销售全由政府主导；唐中期以后，政府在盐产地管理制盐、盐商缴税运销的形式逐渐成为主流；明末至清，发展为盐商直接从盐民处收盐运销。这些模式的运作方式不同，但无论哪一种模式，盐怎么卖、往哪卖都是由政府规定的。

按照市场经济的运行模式，一个地方发现独特资源，自然会与周边城镇连结成网，形成新的经济中心。但这种模式不完全适用于盐池，因为盐业被国家垄断，受到政策、时局的强烈影响。反过来说，盐池的盐也具有左右当地局势、影响历史进程的力量。党项人在西北地区建立西夏，创造了灿烂而神秘的文明，这一政权的出现就与盐池的盐有着莫大的关系。西夏的立国之本在于控制银川平原（灵州），后者则是中原王朝的西北边陲军事重镇。占领此地需要满足三个条件：强大的军事力量、足以供养军力的经济基础、战争策源地。而盐池的资源、经济和政策则恰好对应了上述条件。

宋初党项人的势力范围以夏州（今陕西靖边白城子）为中心，982年，宋朝削藩，党项人在夏州的政权瓦解，酋长李继迁率残部抵抗。起初，宋军实力占优，991年前后李继迁一度投降宋朝，然而不久后形势发生逆转，李继迁部最终在1002年占领灵州。不夸张地说，正是十世纪的最后十年决定了后来西夏王朝的命运。李继迁最初的据点在夏州东北三百里的地斤泽（今内蒙古巴彦诺尔），投降宋朝前后，他的活动范围向南转移，996年宋军围攻党项主力于乌、白池，也就是今天的北大池与苟池，说明李继迁集团已将大本营迁至盐州，以控制乌、白池，凭池盐之利，为其日后称霸提供经济条件。

为了压制李继迁部，宋朝决定禁止青白盐销往内地。青白盐因颜色得名，泛指蕃地、戎地所产之盐，乌、白池盐当然也包含其中。宋朝的本意是对李继迁部进行经济制裁，不料却起到了反作用。当时党项有两大部，其一是居于河套沙漠中绿洲的平夏部，李继迁即属于这一集团；其二是居于陕西横山地区的南山部，对宋朝友善并保持中立。南山党项以农耕为主要生产方式，他们拿谷物交换青白盐，然后贩售至汉地获利。宋朝禁销青白盐的举措切断了原本归附宋朝的党项各部的财路，把后者推向自己的对立面。禁盐以后，李继迁部军力猛增至万余骑，比夏州政权瓦解前还要强盛，占领灵州的军事条件也满足了。

李继迁把大本营迁至乌、白池，说明他的战略目标已经不再是收复夏州，盐州成为党项势力西进银川平原的跳板。唐宋时期，灵州南部的地理环境正发生着巨大变化，瀚海沙碛[1]的出现使得灵州成为"孤岛"，被隔绝于西北边陲，灵州西域道成为联系中原腹地的交通干线。李继迁部屡屡在苦水河沿岸劫粮劫饷，基本切断了中原的灵州的补给。1002年，李继迁占领灵州，三十多年后，他的孙子李元昊在银川称帝建元，开创西

---

1. 灵州南面的一片沙漠。

盐池县目前建成风场 18 个，风机
1644 座，年并网发电 306 万千瓦。
摄影 / Sean-Z

夏。这段历史很好地诠释了自然资源、国家政策与经济、军事的关系，证明看似弹丸之地的盐池的历史、政局的影响和意义。

如今，苟池、北大池等盐湖移交临省，仅存的惠安堡盐湖产量也不那么可观了。但是，盐池依旧有"盐"——这"盐"可以是石油、天然气、石膏、煤炭，也可以是风能、光能。盐池地处银鄂榆（指宁夏回族自治区银川、内蒙古自治区鄂尔多斯和陕西省榆林）能源化工"金三角"区域，石油、天然气、石膏等资源储量丰富，开发前景广阔。

和西北许多地区一样，地域辽阔的盐池具有丰富的光热和风能资源。从古至今，虽然对资源的定义发生了变化，盐池资源重镇的地位却始终没有改变。新能源沿着古盐路不断向外输出，服务于宁夏，乃至整个中国北方的能源供应保障。

把"盐"放回县域视角，还有另一种启示。古代的盐虽然是重要物产，但它所产生的财富并没有促进本地发展，也没有改善盐民生活。现在新能源、新工业发展得如火如荼，如何惠及百姓仍然是值得时时反思的问题。盐池在这方面也有自己的探索，以冬季清洁取暖改造项目为例，政府正根据可再生

地

现在的盐池县城源自明代等口边关而
设置的花马池营所御千户所
摄影 / 冯大伟

石刻胡旋舞墓门

唐

窨子梁唐墓出土，宁夏博物馆藏

唐

窨子梁唐墓出土，宁夏博物馆藏

石鼎

唐

窨子梁唐墓出土，宁夏博物馆藏

琉璃球

麒麟图案织绣补子

明

冯记圈明墓出土，盐池县博物馆藏

摄影／李鹏，供图／盐池县博物馆

能源的分布条件，因地制宜实施"太阳能+"取暖、生物质能取暖、地热取暖项目以及煤改电、煤改气工程，让人民群众享受到清洁能源带来的实惠。

异域同风，三处古墓中的发现

古代王朝对盐池的重视是"功能性"的，因为它具有重要的地理位置和关键的战略资源。然而，盐池也是历史的"失语者"——对于中原王朝来说，此处是边地，在千百年的王朝更替历史中是次要的、边缘化的。多年来，在军事、盐政之外，我们对盐池自身的人文脉络知之甚少。幸好，我们可以通过近年来考古发现的古代墓葬，复原出以盐池为中心的三段记忆碎片。

第一处是张家场汉墓，位于县城西北17千米、张家场古城西南。1984年夏末，连续暴雨造成地面塌陷，露出8座汉代墓葬。其中5座墓葬为带洞室的土坑墓，这种形式在全国范围内并不多见，主要分布在西北地区，这和当地黄土层深厚、具有垂直节理且黏性较大有关，类似于地下的窑洞。墓中发现的几件陶扁壶引起了考古学家的注意，其中以M8墓中出土的一件最有代表性，这件扁壶小口、束颈，两肩有对耳穿孔，可以挂绳，便于外出携带，应该是外出时身上背的水壶，反映出墓主在世时生活中的畜牧色彩。

张家场汉墓的形制、葬式、随葬品与国内其他地区发现的汉墓大致相同，考虑到张家场古城是秦汉时期北部边地的一座重要城邑，这种相似反而值得注意。墓主人可以确认是古城居民，但张家场古城的身份却至今还有疑问。目前主要有两种假说，一种认为古城是秦汉昫（xù）衍县，一种认为是龟兹属国都尉驻地[1]，无论哪种都带有浓厚的异域色彩。秦汉时期，中原王朝为了巩固边疆，曾发起过几次大规模的移民运动，试图将河套地区建设成"新秦中"——第二个关中平原；同时，中原与匈奴的战争中也有不少部族归顺朝廷。张家场古城作为一座汉人、匈奴人、昫衍/龟兹人混居的城市，考古发掘没有发现明显异域风格的遗存，可见，当地文化受到了汉文化的强烈影响，移民至此的汉人则转向农牧兼营的经济生活方式。

第二处是窨（yìn）子梁唐墓，位于县城西北37千米的窨子梁南坡。"窨子"即地窖，发现的6座墓葬均为依山开凿的长斜坡墓道石室墓。M6墓出土墓门一对，现在是宁夏回族自治区博物馆的"镇馆之宝"。墓门以浅浮雕形式刻画了两位卷发的西域舞伎，只见他们身着圆领窄袖紧身长裤，脚穿长筒软靴，踩在小圆毯上，挥动长巾翩翩起舞，仿佛腾跃于云气之中。

舞伎表演的是历史上赫赫有名的"胡旋舞"，起源自中亚粟特地区的康国。粟特是丝绸之路的中枢，康国位于今乌兹别克斯坦

---

1. "属国"是汉代为安置少数民族而设的行政区划，属国都尉即属国地方官。

境内的撒马尔罕。唐代，粟特商队广泛活跃于丝路，不少粟特人在华定居甚至做官，宁夏固原发现了多座粟特墓葬。粟特人曾入朝成为中原王朝的高官，比如后来造成大乱的安禄山、史思明，从名字可以判断分别来自中亚的安国、史国。

根据出土的墓志，墓主是粟特人，祖上来自撒马尔罕西北的何国，因此以"何"为姓。墓主生活在鲁州，这是唐初为安置突厥降户在黄河河套南侧设置的六个羁縻州之一，州治可能与明代兴武营城重叠。突厥降户包含多个族群，粟特人占了很大一部分。朝廷选择把游牧为生的降户安置于此，既照顾了其游牧习俗，也是为了让他们接受农耕的熏染。墓志显示何氏祖孙三代都在唐朝为官，但其墓葬仍表现出强烈的本民族特征，反映出唐朝开放包容的政治文化。

第三处是冯记圈明墓，位于县城南郊。墓葬的发现过程与张家场汉墓有些类似，1999年夏天的一场大暴雨冲开了墓口，考古学者抢救发掘出三座明代墓葬。冯记圈明墓是宁夏正式发掘的少数明代墓葬之一，墓葬形制完备，出土锡器、服饰等器物精美，在区内首屈一指。M2墓中出土的墓志揭示墓主是明中期镇守长城防线的指挥使杨钊，曾在抗击蒙古入侵的战争中立下奇功。杨氏家族世代从军，杨钊高祖枢歹随明太祖朱元璋征战受封，曾祖麻忽儿克因战功被明成祖朱棣赐姓"杨"。枢歹和麻忽儿克显然不是汉名，墓志说杨氏祖籍辽东，具体对应什么族群不易确定，可能是蒙古人。实际上如果不是墓志记载，单从墓主姓名、墓葬形式、随葬品等方面，是完全看不出异域

元素的。

张家场汉墓、窨子梁唐墓、冯记圈明墓的墓主都带有一定的移民背景，说明历史上的"盐池人"成分非常复杂，不同族群的人来到这里定居生活，盐池成为了他们新的家园。粟特墓葬体现了新家园的包容性，汉式墓葬则体现了新家园的向心力。随着时间的推移，新家园成为了故乡。

盐池"民族熔炉"的特质和农牧交错地带的地理条件是分不开的。我们可以观察到，中原王朝在盐池定居的人群构成和草原上的游牧政权有很高的相似性：张家场古城有汉、匈奴、戎、胡，匈奴集团也是如此；羁縻州安置的降户与突厥集团民族成分相同；明代镇守花马池的长官和他所对抗的敌人同为蒙古一系。中原王朝与游牧政权存在政治边界，但这种边界并不是完全由民族来划分的，各民族间在边界交错地带的往来互动，某种程度上消解了长城所构建的壁垒，使长城内外在政治、经济、文化等方面逐渐交融一体。

盐池无定势

各民族的生存、发展和融合都有更深层的自然地理背景。前文说过，农牧地带的分野会随着两方实力的消长而改变。除了一些清代墓葬，其他时代的墓葬在盐池发现得并不多，而前文的三处墓葬所在时代恰好对应着中原王朝最强盛的大一统帝国汉、唐、明，这并非巧合。

汉、唐、明清时期，盐池境内主要是

农耕经济形态占优——唐代鲁州可能是个例外，但鲁州南面的盐州是农业州。农耕文明意味着更多的定居人口和财富积累，墓葬遗存也就更多、更容易留存到当世。大一统王朝的间隙，是春秋战国、魏晋南北朝、辽宋夏金等分裂时期，此时盐池地区的经济形态转为以畜牧为主。王朝兴衰恰好对应了社会经济形态的转换，农牧交替的环境意义在于土地开垦与退耕还草的循环。明清以降，农耕文明优势愈发显著，人口增长与过度开发使得自然环境急剧恶化，其影响持续至今。

环境变迁背后不只是人为因素，也有不可抗拒的自然之力。三处墓葬对应的城市遗址是我们考察古代盐池环境的重要参照。今天的张家场古城位于毛乌素沙地南缘，这片沙地汉代时似乎还不存在。考古学家在毛乌素沙地发现数量众多的汉代古城，不但遍布整个沙地，甚至比较集中地出现在沙漠腹地，说明当时的自然环境是相当适合农耕的。唐代羁縻州大体分布在盐池兴武营与陕西靖边统万城的连线地带，这里已是今天毛乌素沙地中唐代城址的北沿，说明沙地已经出现并扩大。鲁州是农牧兼营的经济结构，对耕地的需求没那么高，当时的自然环境应该是沙丘、干草原与湖滩草甸相间。明代的情况比较容易推测，宁夏长城的修筑原则是"凡草茂之地，筑之于内，使虏绝牧；沙碛之地，筑之于外，使虏不庐"，长城本身就是当时荒漠与草原的分野。

一个地区的自然条件是相对稳定的，但生态环境的改变由于受到多种因素影响，变化的速度和程度要大了许多。明长城建筑后的五百年间，由于大规模开垦造成草原退化、沙进民退，到 20 世纪 80 年代，全县 75% 的人口和耕地处在沙区，土地沙化已严重影响了当地人生活与经济发展。

为彻底扭转这一困境，近五十年来，盐池依托"三北"防护林、退耕还林（草）、封山禁牧等林业工程，持续推进防沙治沙、造林绿化等生态建设，使 200 多万亩沙化地重披绿装，基本消除了 100 亩以上的明沙丘。盐池中部的哈巴湖是一个典型案例，明朝在哈巴湖西侧营建铁柱泉城作为抵御蒙古骑兵的据点，"幅员数百里，又皆沃壤可耕之地"；20 世纪 80 年代，这里是一条宽约 7 至 12 千米，长约 59 千米的流沙带。经过数十年的治沙斗争，如今的哈巴湖成了生态旅游区，植被覆盖率在 85% 以上，成了人们赏胡杨、观星空的热门目的地。生态建设成了新的变量。

想要给盐池下一个简单的定义是非常困难的，因为它所涉及的"变量"实在太多。从南到北，地貌景观差异明显；千百年来，农牧地带的边界来回摆动；不同民族迁出、进入、融合；生态环境经历了开发、破坏、修复。在由一系列变量组成的历史中，忧患与机遇并存，甚至相互转化。所以我们在盐池看到了长城内外军事对抗与交流融合的辩证法，看到了风吹日晒的恶劣气候转化为可持续的清洁能源，看到了"黄河之水天上来"，扬黄灌溉解决缺水难题。如果非要在这些变量中找出共同点，那就是盐池人因时、因地制宜的适应能力，帮助他们克服困难，坚忍前行。

历史上，盐池县城（花马池）与长城相伴相生。在这里，很容易就能与明长城相遇。摄影 / 陈静

盐池边墙往事：
长城内外的攻防博弈和民族融合

撰文
段战江

插画
刘明

长城精神的地缘典范和文化样本

清代以前，宁夏一直是中央王朝的西北边防重镇和边塞要地，自古就有"西北门户，关中要冲"之称，自战国时期开始，多个朝代都曾在宁夏修筑长城，总长度达 1500 多千米，宁夏因而有"露天长城博物馆"的称号。

宁夏盐池县地处陕、甘、宁、内蒙古四省（自治区）交界地带，境内的长城更是以保存形制完整、遗迹类别丰富、历史价值独特而著称。目前保留下有隋代长城一道、明代长城三道，总计 259 千米，其中隋代长城 78 千米，明代长城 181 千米。

就长城文化的鲜活性而言，明代长城（时称边墙）是中国历史上极具特色的时代文化符号和民族精神象征。无论是修筑规模、复杂程度，还是现存数量、文化影响，明长城都堪称空前绝后。明长城东起鸭绿江畔的虎山长城，西至甘肃嘉峪关，总长度达到惊人的 8851.8 千米。

这条波澜壮阔、绵延万里，堪称世界奇迹的军事防御工程，沿线布设着众多的堡垒、卫所和军镇。其中，最有名的"九边重镇"分别是辽东镇、蓟州镇、宣府镇、大同镇、太原镇（山西镇）、延绥镇（榆林镇）、宁夏镇、固原镇和甘肃镇，顶峰时期，戍守的将士达百万之众。

由于黄河河套地区是与蒙古鞑靼[1]部落对抗的关键军事节点，为了有效巩固西北边防，明朝特将延绥、宁夏、甘肃三大边镇的行政和军事指挥权，统一交付驻节固原的陕西三边总制（总督）管辖。其中，盐池县所在又是三边防御战区的最重要位置，成为抵御蒙古大军南下的第一道战略防线，这里也由此成为"皇帝颇操心、朝廷爱热议、将士

---

1. 蒙古部落之一，也有塔坦、达达等译法，其指称范围随时代不同而有异，明朝时所称鞑靼指退据蒙古高原的北元政权及其治下的蒙古族，鞑靼部落是当时宁夏地区与中原守军对抗的主要势力，有时也有瓦剌部落和朵颜三卫部落参与。

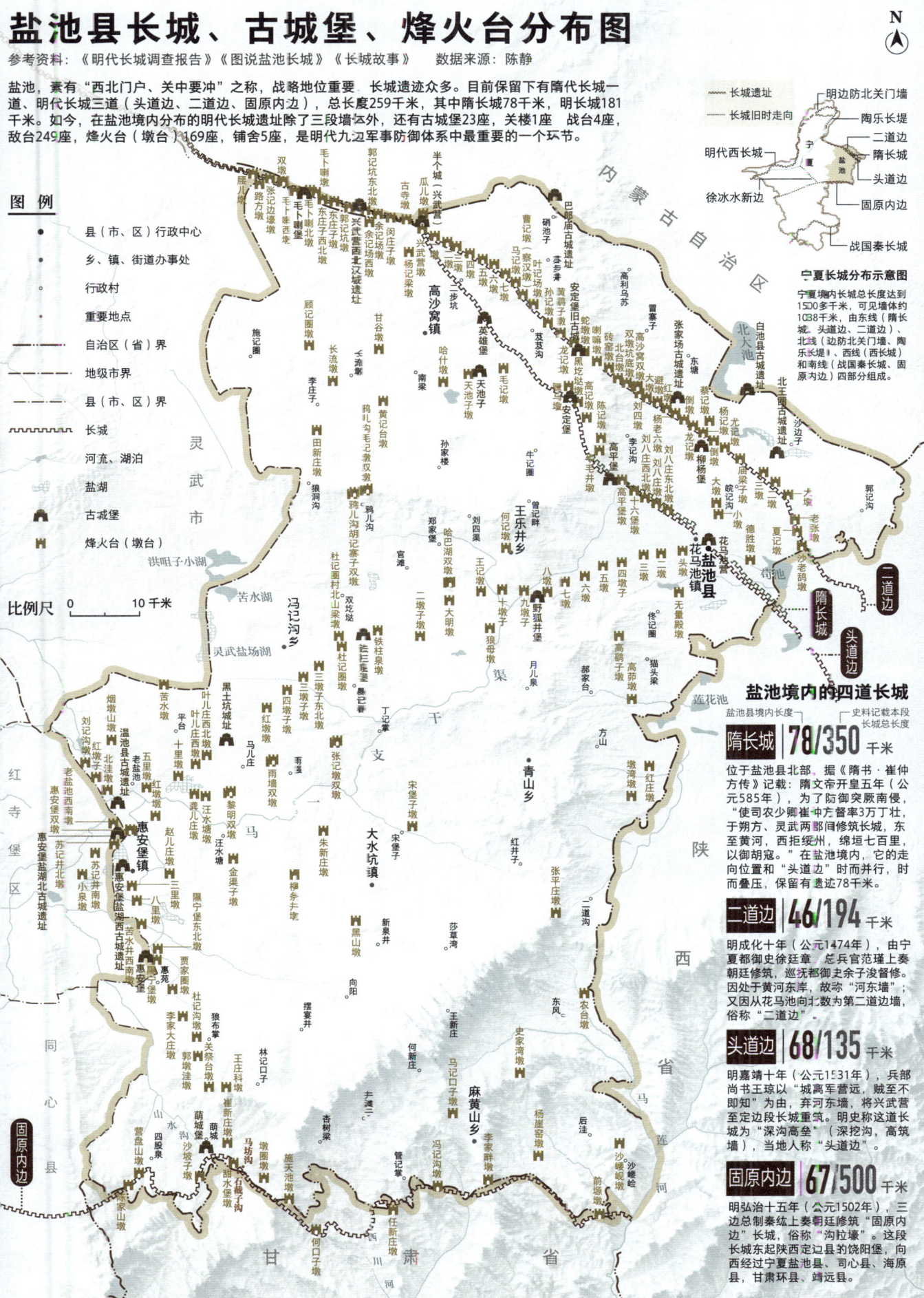

盐池县长城、古城堡、烽火台分布图

长城关，是中国万里长城千百座关隘
中唯一以"长城"命名的关隘，由明
代三边总制、兵部尚书王琼主持修筑
而成；盐池县在旧址不远处重修了长
城关，长城关楼雕梁画栋，飞檐翘角，
气势如虹。摄影／薛月华

多故事"的军事要地，留下许多精彩的故事和传奇。

万里长城，看点颇多，如果说东看山海关，西看嘉峪关，那么中必看长城关。宁夏盐池县的长城关，是明长城相当有代表性的一处历史建筑和地方文化符号，其最大的看点是"三多"：

一是遗迹多。以长城关为中心，仅在盐池境内，就有深沟高垒、河东墙、固原内边三道长城，总计 181 千米，还有 23 座古城堡、1 座关楼、4 座战台、169 座烽燧等保存较好、形制丰富、特征显著的明代长城遗迹群，是研究明代长城军事防御体系的绝佳文物样本库。

二是故事多。明代共有前后 64 位三边总制，每年秋季都会拥兵移驻花马池营，防备蒙古铁骑南下，是谓"防秋"，还曾以花马池营为指挥中枢，举行"摆边""捣巢"等多种军事演习和操练。这些重臣良将或跃马巡边，或登城吟诗，留下许多精彩的历史故事和传奇。

三是亮点多。就文化角度而言，长城关是明长城唯一用"长城"命名的关口，也是唯一修在长城主体上的关口，具有独一无二的人文历史价值；就地理风貌而言，盐池县位于鄂尔多斯台地与黄土高原的过渡地带，是典型的农耕文明与游牧文明交汇区，具有苍凉悠远、金戈铁马的边塞风情；就区域历史而言，盐池县自秦汉立县至明清，在二千多年的历史长河中屡次成为闪亮的关键点。

说到长城的内涵，除了作为中国古代军事防御的一种手段外，长城还有两重绵延千年的精神内涵：一是表明了"人不犯我，我不犯人"的和平军事姿态；二是体现了可与其他文明共存的、非侵略性的文明形态。正如习近平总书记在《在文化传承发展座谈会上的讲话》中强调的："中华文明具有突出的和平性"，中国的长城也是具有鲜明"和平"属性的伟大军事防御工程，盐池境内的明代长城便是这种精神内涵的绝佳历史文化样本。

明朝北方军事压力主要来自河套地区的鞑靼部落，花马池营正处于这一地区最敏感、最关键的军事防御中心，因而成为明军边防战略攻防转换、农牧文明交错渗透、长城内外民族交融、蒙汉百姓互市贸易的历史坐标点和文化活化石。

从明成祖朱棣内迁东胜卫[1]，战略放弃河套地区，到"隆庆议和[2]"明蒙结束近二百年的敌对状态，再到清康熙皇帝驻跸花马池，提倡蒙汉同耕共牧和互市贸易，盐池这个西北边陲小城，完整见证了几百年间长城内外文明融合过程。

可以说，读懂了盐池的明代长城史，也就读懂了中华民族几千年的文化融合史和文明进步史。若是有心，或也能洞察中华文明几千年源远流长、久盛不衰的文明密码。

---

1. 明初期建立的一个重要边防卫所，靖难之役后朱棣因政治原因将其内迁。
2. 隆庆年间，在内阁大臣高拱、张居正等人的筹划下，明朝与蒙古结束战争，就封王、通贡和互市等达成协议。

花马池哨马营：千里河套塞草衰

花马池的建城史，要从明朝老将军史昭的故事说起。

明正统元年（1436年）九月，已近暮年的宁夏总兵官都督同知史昭身着从一品的绣金红袍，顶明盔亮甲，在将士簇拥下巡视至花马池附近，他望着这片"草木繁茂，禽兽生息"的沃膏之地上的繁荣景象，反而忧心忡忡。

因为数量如此庞大的马匹牛羊，皆属灵州千户所的鞑军（归附明军的鞑靼人）别黑的等[1]家族所有。这个家族人丁兴旺，家产丰厚，每家"马多者千余匹，少者七八百匹，牛羊动经万计"，而且群聚抱团，"俱在花马池等处，（贺兰）山东一带草地牧放"。

这种情况在史老将军的辖地上并非个例，还有更厉害的，譬如宁夏鞑官（降明后被赐予官爵的鞑靼贵族）指挥韩当道驴，就拥有"马二千余匹，牛羊一万余头"。更令人头疼的是，这些以"看马"为由的鞑军军属，散居把控各个山头，冬天也不进入明军营堡。

身为历经明太祖至明英宗五朝的元老和守边重臣，史昭认为这些不受管制、势力日渐强大的归附鞑军，恐有"私通外境，透泄边情"或"遇贼入境虏掠"的风险。

早在当年四月，史昭就曾奏报朝廷，陈情军事隐忧和政治利害，并提出两个建议：一是诏令韩当道驴至京师，虚以高官厚禄并强制居留，架空其家族在边地的影响力；二是令花马池的别黑的等家族进献马匹，减弱家族实力。可遗憾的是，朝内老宣臣却给出"勿动，其马如旧"的决定。

在太祖、成祖时代，中原与蒙古的军事对垒虽互有胜负，但基本是采取主动进攻态势，心态自信，战略上也有诸多高明之处。譬如明太祖时期，基于河套地区"亦农亦牧"的地理优势，为了减少中原军队与游牧民族军队的实力差距，对大明边军采取了"农牧结合"的大胆尝试，即"鞑靼能河套养马，我军亦能；鞑靼能牧兰为生，我军亦能"。明太祖甚至亲自调教边军养羊致富，要求戍边军户除了和田外，还要和鞑靼部落一样，学会吃羊奶，养羊生羔得利，并乐观畅想"一个羊下十个羔""不三四年，军（户家）的羊也成群了。"

为了推进这一政策顺利执行，明太祖还制订了另一项怀柔政策，即将大量归附的鞑靼人编入大明军队卫所体系，称为"鞑军"，其中凡元室后裔、贵族勋戚、故吏将官，都给予相应政治待遇，称为"鞑官"。此后明成祖延承这一政策，并加以发挥，如永乐九年（1411年）七月，就曾下诏兵部，要求遴选"鞑官闲居老成谦厚者，教民畜牧"。

由于宁夏地处河套地区最富饶的地段，

---

1. "别黑的等"和下文"韩当道驴"均为当时的蒙古人名音译。

明长城自西向东进入盐池的兴武营后，一条偏南，经县城北门向东延伸，称"头道边"；另一条偏北，距离县城10多千米，称"二道边"。从高空俯瞰，两条长城在高沙窝镇分岔，形成了一道独特景观，犹如"人"字的一撇一捺。摄影／陈静

水草便利，特别适合养马，加上鞑靼人牧边的特殊优惠政策，故出现了牛羊遍地，牧马成群的繁荣现象。当时宁夏境内草场遍地，规模宏大。以灵州草场为例，按大路（灵州驿路）可分两大区域，以东归土达军民，以西则归庆王朱栴所有。庆王于1435年、1437年、1438年分别向朝廷进献良马500匹、5000匹和1000匹，由此可以想象当时草场规模及万马奔腾的壮观景象。

然而，令史昭等人最担忧的，倒不是鞑军或庆王等人个体财富的恣意膨胀，而是河套地区存在致命的战略安全隐患。永乐元年（1403年）明成祖下诏后撤东胜卫后，连接山西诸卫与宁夏诸卫，控扼河套的军事链条关键节点被打断。失去阴山屏障和黄河天险的河套一旦失陷，明初精心构筑的防线便会陡然瓦解，不但山西与宁夏两地无法互相驰援，而且鞑靼势力一旦恢复元气，自会趁机多边袭扰，条件成熟时也会集结大军趁势南下，直扑关中，造成西北边疆军情频发，疲于应付的被动局面。

此外，除了河套地区"千里沃野之地"对游牧民族的天然诱惑外，蒙古部族对于河套地区还有一种执念。河套地区蒙语为"鄂尔多斯"，即"众多的营帐"之意。据说成吉思汗最后一次征讨西夏，途经河套地区时，曾对此地大加赞美："丧乱之世，可以隐遁；太平之世，可以驻牧。当在此猎捕麋鹿，以游豫晚年。"此后成吉思汗西征薨逝，民间传说灵车经过河套时又深陷泥淖不动，最终在此留下衣冠冢。河套地区则成为其族人的集体记忆和精神圣地。

史昭镇守西北边地二十余年间，因"敌势衰弱，边境得无事"，河套基本处于"我未守，彼亦未取"的状态。但到了正统元年，一些进入河套地区的蒙古部落开始不安分起来，朝廷特发诏令，要求史昭多加"筹画哨备"，不要让控制区密集的鞑官牧马草场被抢掠。

当时年仅9岁的明英宗刚刚继位，朝廷主管军事的内阁重臣是英国公张辅，他曾三次平定安南（越南古称），战功赫赫。早年他曾三次亲随成祖远征漠北，对于西北边地这些"残虏"小打小闹的劫掠持轻视态度和极大的心理优势，只是要求西北边地各镇总兵官务必悉心搜捕，可史昭对此有着不同的看法。

这次复巡花马池，史昭遗憾地发现撤弃东胜卫33年之后，以往在宁夏配套建设的城池、屯堡、营墩已是颓毁不堪，且全在黄河之外，已呈"孤悬河外"之势。若要守备防御西北一带，长达二千余里的边境自是"旷远难守"。

针对草原骑兵高速机动的游击战术，史昭认为大明边军最有效的应对并非劳师动众去"搜捕"，而应以退为进，收缩防线。因此他计划来年春天在花马池一带"筑立哨马营，增设烟墩，直接哈剌兀速（音译，即黑水河）马营"，布设全新的前哨警戒基地。

在花马池一带设立哨马营，史老将军有两重考虑，一是新的警戒线可在鞑靼人犯边时更快传递军情，调动兵马围堵；二是设在花马池以北的哨马营可借地理之便，完成对"中西路大小盐池，中东路花马诸池"的有效布控，通过控制食盐这一战略物资，实施"纳马中盐"政策，与境外牧民及周边军民的养马大户实现"以盐易马"交易，从而解决宁夏边军的缺马之急。

朝廷收到史昭奏报后，认为颇为合理并马上批准。实施后效果颇佳，史昭也因此受到褒奖和晋升。此后史老将军在宁夏总兵官这个职位上又干了八年，并于退休后第二年安逝家中。

史老将军的人生故事戛然而止，可由他开启的花马池故事，才刚刚开始。

花马池城：龙沙之地起城楼

自史昭奏建花马池哨马营之后的七十年间，花马池都是一个规模不大的军事堡垒。后来随着蒙古势力在河套地区不断壮大，"地处塞外，孤悬寡援"的花马池城于天顺年间（1457—1464 年）移建到长城以内，到正德元年（1506 年），三边总制杨一清将花马池从千户所升为宁夏后卫，并修筑河东墙，修复花马池城，增设营房后，才算有了留传至今的城池（今盐池县古城墙）形制和规模。

花马池城址为长方形，南北长 1100 米，东西宽 1050 米，城墙由黄土夯筑，外部砌砖，嘉靖年间开设东北两个城门，后来增开南门，均带瓮城，瓮城 40 米见方，东门曰"永宁"，南门名"广惠"，北门号"威胜"。

杨一清筑建花马池城是一个重要的信号，标志着明军与蒙古的攻防转换，从此蒙古进入主动进攻阶段，明军进入被动防御阶段。

杨一清身为边地军事主帅，对于辖区地理情况颇为了解。他深知陕西、甘肃及宁夏部分地区的城堡要塞，多有河山阻隔，往往可据险而守，唯独"宁夏花马池至灵州一带，地里宽漫，城堡稀疏，兵力单弱"，一旦失守，敌军即可趁势拆墙而入，直下关中，深入大明腹里恣意抢掠。西北重镇固原距花马池仅六百余里，其间平坦开阔，利于驱马急驰，敌寇若突破花马池，一天一夜便可杀至固原城下。

正统十四年（1449 年）"土木之变[1]"后，明蒙攻守转换，日益强盛的鞑靼部落各股势力开始不断侵占河套地区，先有鞑靼太师孛来率部进入，后是鞑靼少师阿罗出部落长期在河套出没，此后毛里孩、孛罗忽等部也纷纷杀入。由于河套地区在蒙古人心里的特殊地位，这里渐渐成为蒙古部族内部争斗时标榜权力正统，拥立新可汗的政治圣地。蒙古王位往往几年或十多年一换，其可汗多是权臣拥立的元室后裔。河套蒙古势力日渐坐大，到杨一清主政时，他要面对的边防危机，已不是百骑、千骑的小规模流窜骚扰，而是动辄几万铁骑的大规模进攻。

早在成化十年（1474 年），为阻挡鞑靼部落的频繁侵扰，宁夏巡抚都御史徐廷章、总兵官都督范瑾就仿照延绥筑墙建堡的做法，奏筑河东墙。自黄沙嘴起，到花马池

1. 明英宗亲率大军北伐瓦刺，大败于土木堡（今河北怀来），英宗被俘。

玉皇阁

财神庙

玄帝庙

角楼

药王庙

西安庙

老爷庙

神马庙

眼光庙

风神庙

太白庙

参将衙署

州同

大寺

关帝庙

驿号

仓廒

观音庙

和尚塔

广惠门

角

花马池城复原示意图，参考《花马池志》绘制。花马池城始建于明正统八年（1443年）；天顺年间移建到长城以内；正德元年，花马池由千户所升为宁夏后卫，古城规制成型；清乾隆六年（1741年）有过重修。

角楼

长城关

三关庙

威胜门

龙王庙

备衙署

三星殿

神农坛

百货统捐分局

角楼

鼓楼

巡警局

校场

文昌庙

火神庙

城头寺

娘娘庙

魁星阁

永宁门

东岳庙

行神庙

止，总长近四百里，同时为加强防备力度，还配套开挖沟堑一道。由于边墙完固，沟深堑陡，不易侵犯，三边之地享受了二十余年的太平。但此后官员懈怠，边备不修，"墙既日薄，沟又日浅"，面对军力不断膨胀的鞑靼部落，边墙已渐渐失去军事威慑和安全屏障作用。

自弘治十四年（1501年）起，花马池边墙就不断被拆毁破坏，造成"壕堑窄浅，墙垣低薄，墩台稀疏"的危险局面，加上守军势单力薄，宁夏的骑兵部队又不能快速驰援，遇到大股强敌进攻，往往是烽烟四起、无力阻挡，处在敌锋之上的花马池屡次被袭，官军死伤无数。

正德元年正月初一，杨一清收到鸣沙州和灵州"夜不收"（大明边军哨探）的急报，称前一天下午看见"俱穿戴明盔明甲"的五六万敌众精兵，浩浩荡荡杀来；同时又收到大同红寺儿堡谍报，说初一下午远望敌寇行军队伍，激起的灰尘长达三十余里；正月初二又收到谍报，称本日敌军骑兵部队过路白塔儿墩[1]，扬起的灰尘从下午直至黄昏时分都没散尽。此后鞑靼骑兵拥众大举深入固原、隆德、会宁等地大肆抢掠，一直到正月初四，大规模的鞑靼骑兵部队才从清水营、花马池等处被拆毁的墙口出境而去。

正月十八，消息传到京城，举朝震惊。当时年仅15岁的明武宗朱厚照，虽"自少举止异常"，性格张扬顽劣，但在军国大事上有着清醒的判断和果决。他很快颁布诏书，任命杨一清为三边总制，以朝廷重臣身份节制各镇官员，居中调度，此后又多次下诏，指出"花马池系要害地方"，勉励杨一清用心经略此地边防，保固疆场。

正德元年五月，为报皇帝知遇之恩，也为真正了解边地情况，杨一清亲自到前线巡视调查，"自庆阳环县历延绥定边、宁夏花马池、兴武、清水（两）营，直抵灵州一带，边墙、城堡、墩台，逐一躬亲阅视"，然后在掌握一手资料的基础上，会同三边官员一起集体讨论，最终一致认为最紧要之事就是"修浚墙堑"。

在写给朝廷的奏章中，杨一清认为解决河套边防危机的上策是"复守东胜（卫）"，重新占领河套，然后以黄河天险固守，这样就能"使河套方千里之地归我耕牧，开屯田数百万"；但同时也承认，以目前"民弱兵疲"的国力和军力现状，无法将河套之敌全部逐出，最好休养生息十几年后再做打算。当下最明智的防御策略就是在前人布局的基础上，挖深沟，筑高墙，采取守势。

正德元年九月，杨一清正式向朝廷上报重修边墙计划。他准备发动延绥、宁夏、陕西等地府卫九万名军民作为劳役，花费十余万两白银，在成化年间修筑的旧墙上进行加厚拓宽工作，主要工程段是"自延绥定边营以东石涝池地界起，至宁夏地方横城止，共三百里"。

---

1. 红寺儿堡为大同的重要关堡，白塔儿墩是今鄂尔多斯境内的烽火台。

深沟高垒（头道边）修建示意图。这段长城因采取了"内筑墙，外挑壕堑"的修筑方法而得名，因筑墙所取用的土层中多有红色胶土掺入，故也叫"紫塞"。

按照杨一清的设想，新修的边墙高厚各二丈，收顶一丈二尺，垛墙高五尺，两面俱筑，中间留八尺通道；每一丈墙开一处垛口，并安置转关遮板；墙外每里添筑敌台三座，上盖暖铺一间，统算下来共建敌台九百座，暖铺九百间，每间五人把守，共计可驻军四千五百名；墙外壕堑挑浚，深二丈，口阔二丈二尺，底阔一丈五尺。

平时，士兵在墙上昼夜值班巡逻；敌人来袭时，若近前填壕或近墙攻挖，官军就登上敌台两边的城墙，用枪炮矢石击退敌人。步兵在墙上防守时，骑兵可埋伏在墙内，等敌人撤退或溃散时再乘胜出击。

杨一清甚至设想了最坏情况下的防御应对之策。若部分地段深沟被填，城墙被毁，守城士兵可以快速撤退到配套新修的大小城堡"以避其锋"，等敌寇破墙冲杀而过，深入境内时，边军马上从堡里出动，快速将被拆毁的墙口补齐塞实，对突入的敌军进行围歼。

这个雄心勃勃的"加强版"边墙计划筹划精妙，思虑周密，很快就被皇帝采纳批准。本计划来年春天四月开建，八月完工，但第二年闰正月敌寇再犯花马池，心急如焚的杨一清加快运筹，终在正德二年二月提前启动了这项浩大的筑墙工程。

遗憾的是，开工不到一个月，边墙仅筑了"自红山至横城四十余里"，就因杨一清辞官而被迫中止：这一年的二三月份，干旱少雨的西北突然连降大雨，露宿野外的民夫因无处躲避风雨，加上喝水做饭都不方便，疾病频发，死伤不少，由是人心怨愤，发生了集众哗变事件。杨一清迫不得已在修筑完花马池城后，就地遣散民夫，自己也称病离职。

正德五年（1510 年），杨一清重新被起用，二次担任陕西三边总制，他到宁夏亲自阅视这一段自己修筑的边墙，依然是"高厚坚完，俨然巨障"，内心感慨，在《西征日录》里亲笔记下"惜成功之难，叹前志之未遂"的感言。

长城关：登坛还是一书生

在杨一清修筑花马池城 25 年后，朝中同僚王琼接任三边总制职务，任上除了扩修花马池城外，还特别在城东门外的边墙上修建了一座高耸雄壮的关楼，名曰"长城关"。

长城关的修建，还要从嘉靖七年（1528年）二月，69 岁的兵部尚书王琼潜心破解杨一清的"修边"难题说起。

王琼，山西太原人，比杨一清小 5 岁，25 岁中进士。而杨一清 18 岁就高中进士，聪慧异常，曾一晚上写出十份"悉中机宜"的高质量奏疏。由于二人同朝为官，俱是内阁重臣，仕途相似，又都聪慧过人，故后世常将他们相提并论，认为两人都有才气谋略，边事方面也都取得显著功绩，只不过王琼在官场上更圆融灵活一些。

嘉靖八年（1529 年）正月，万人规模的蒙古铁骑从花马池再次破墙而入，并在附近旧边墙的杨柳堡一带常驻盘踞，颇有示威羞辱之意。六月，总制三边军务的兵部尚书王琼率军出击，大胜而还。回程路上，王琼在花马池西北的河东旧边墙上登高望远，极目之处，蓿颓沟漫，堡稀墩散，地理上无险可守，城堡间又不能互为支援，深感"城离军营远，贼至不即知"的松散军事防线亟待改变。十月，王琼向朝廷上奏修筑延宁边墙事宜，但由于陕西发生饥荒，未获皇帝批准。

嘉靖九年（1530年）十月，朝廷同意拨付宁夏修边的十万两白银还在路上时，王琼突然给朝廷发了一个喜报性质的奏折，说自己为"防护盐池，以通盐利"，计划在宁夏花马池、延绥定边营相接地方挑挖壕堑，如今已修完六十余里，实际防护效果非常不错，"真如天险，可资保障"。下一步计划从花马池西北至横城堡继续修筑160里。专项资金还没到位，边防工程就已经干完一小半，这样的办事效率皇帝肯定高兴。兵部夸称"其策甚善"，皇帝笑赞"防边至计"，并鼓励王琼再接再厉。

从军事角度讲，王琼在花马池到定边营段修筑的实验边防工程，可以说是杨一清修筑花马池边墙工程的变通版。按杨一清最初的筹划，边墙是典型的"1+1"工程，既要修筑高厚各二丈的高六边墙，还要配套深二丈、阔二丈二尺的壕堑。可是要在沙化严重的花马池建筑边墙，黄土原料是问题，水源是问题，版筑工艺是问题，需要消耗的巨大人力财力更是问题。

杨一清和王琼都处在明王朝由盛转衰的特殊历史转折期。正德年间，不靠谱的皇帝短短十余年间就消耗了巨量前代积蓄，大明王朝的财政危机处在爆发边缘。到了嘉靖年间，中央财政入不敷出已是常态。

杨一清是典型的理想派，固执地坚持边防工程质量至上的要求，对费工、费钱、费时的副作用却很少考虑。嘉靖七年三月，他在写给皇帝的奏折上，还执拗地坚持新修边墙一定要"高大上"，"墙堑高、深、广、阔丈尺，如臣所画"，并仔细算了施工时间，认为差不多要五年的时间可以大功告成。

王琼则灵活现实得多，他清楚知道一来朝廷不愿，也无力在边墙上花费太多，二来皇帝、同僚乃至敌人，都没有耐心给予太多时间。可花马池一带的边墙必须要修，而且还要赶紧，否则损失更大，战略上也更被动。思来想去，王琼想出了一个绝妙的办法：多挖沟筑堤垒，简称为"深沟高垒"。

从技术层面讲，这也是不得已的办法。早在成化年间，督修河东墙的都御史余子俊就指出"其宁夏花马池、高桥儿境内沙漠平漫，难于修筑"。王琼在修建花马池到定边营的工程时，派得力助手采用灵活变通的施工方式：一是开挖壕堑为主，基本遵照杨一清的设计标准，深广皆二丈；二是将宽厚各两丈的边墙减配为高一丈的堤垒；三是"沙土易圮（qǐ）"即土质容易崩塌的地段，则从别处取来黄土筑成实墙。

这样一套组合拳打下来，工程难度大大降低，施工效率陡然提升，60里的"挑挖壕堑"，很快就在嘉靖九年（1530年）的秋天完工。当年冬天敌虏再犯，果然无法跨越，军事防御效果经受住了实战的考验。

王琼马上趁热打铁，申请朝廷专项经费，快速复制这一边墙建设新模式，自红山堡的黑水沟至定边营的南山口，全部建设成

长城关阅兵示意图。嘉靖十年九月重
阳节，深沟高垒与长城关建成后，王
琼与众部属登临长城关，赋诗《九日
登长城关楼》一首。图为描绘当年王
琼登长城关阅兵的想象图。

这样标准的深沟高垒。而在处理宁夏境内河东墙这一段时，王琼也采取了因地制宜的办法。对横城到兴武营这一段土质良好、毁坏不大的边墙进行加固恢复，而兴武营以东沙土夯筑、坍塌情况严重的成化旧边墙，则直接弃之不用，向南后移5—10千米不等，依旧采用深沟高垒的形式，重新构筑一条新边墙（即头道边），形成对花马池营城的二重防御保护。这些工程自嘉靖十年（1531年）三月开工，仅用半年的时间就全部竣工。

为了保证建设质量，整个工程不用民夫，全部采取军事化管理，以将军牵头，分段包修的方式进行。其中，黑水城向东至毛卜喇堡为第一部分，由参将史经领2000名士卒修筑；自毛卜喇堡向东至兴武营为第二部分，由都指挥吴吉、郑时率领3000名防秋兵修筑；自兴武营向东至安定堡为第三部分，由征西将军周尚文率领1000人修筑；自安定堡向东至红石崖第四部分，由参将王玑率领1200人修筑；自红石崖向东至盐场堡为第五部分，由游击将军彭械、指挥穆希周率领5000名士卒修筑。

王琼整顿边事最厉害之处，就是能洞察问题本质，多维考量，全面布局，从而实现政策的效率和效益双重最大化。譬如在操作深沟高垒这样的军事项目时，王琼还同步考虑到了民生和经济问题。通过巧妙的地理布局和设计规划，新建的深沟高垒不但有效地保护了灵州大小两个盐池的生产安全，从以往"每年十月封池，于次年三月始开"的半年性生产变为全年运行，而且自宁夏镇至花马池三百里，形成一条可"循边墙而行"的

安全商业走廊，输粮运盐，"骡驮、车挽，昼夜不绝"，边地经济效益自然倍增。

也正是得益于盐课和商道这两个雄厚的地方财政保障，王琼才会有充裕的财力进行锦上添花的城防建设。在长达166里的深沟高垒沿线，分布着花马池营、安定堡、兴武营和清水营四大军事重地，这四处大营又分别建有长城关、安定关、兴武关、清水关四座关城。每座关城都城楼高耸，修有高大的城楼。

其中，最值得一说的就是长城关。由于长城关位于花马池营正东60步之外，若按其他三个关门"以营垒命名"的规则，本应叫花马池关，但因为这个关口位置十分重要，"为喉噤总要"，所以破例起了一个特殊的名字，它也是明长城沿线数十座关楼中唯一一个以"长城"命名的关楼。

长城关高耸雄壮，当时人称"高台层楼，雕革虎视"。关楼上面还悬挂着宁夏巡抚、右金都御史胡东皋的手书：朔方天堑，可谓塞外一景。

嘉靖十年（1531年）九月重阳，王琼已年满73岁，仍满面红光，在同僚簇拥下登上刚刚竣工的长城关楼，"凭栏远眺，朔方形势，毕呈于下"，不禁内心慨然，澎湃诗意顿时涌上心头，遂命人取来笔墨，写下千古名篇《九日登长城关楼》：

危楼百尺跨长城，雉堞秋高气肃清。
绝塞平川开堑垒，排空斥堠扬旗旌。
已闻胡出河南境，不用兵屯细柳营。
极喜御戎全上策，倚栏长啸晚烟横。

如今复建一新的长城关脚下设有宁夏长城博物馆，是众多长城爱好者的打卡地，并在 2018 年入围西北旅游协作区发布的"神奇西北 100 景"榜单。

铁柱泉：谁筑防胡千堞城

铁柱泉古城位于盐池县城西南 36 千米的冯记沟乡暴记春村，城池遗址略近方形，南北长 385 米，东西宽 360 米；古城东墙辟门，置瓮城，保存较为完好，尚存城门砖筑夯顶。这座古城修建于嘉靖年间，初为黄土夯筑，万历年间在土墙外砌以砖石，如今遗迹地表依然散布着大量明代瓷器残片和砖瓦碎料。2005 年，铁柱泉古城被评为宁夏回族自治区第三批文物保护单位。

铁柱泉的营建特别具有传奇性，和一个古代"工科男"密切相关。嘉靖十五年（1536 年）正月，时任工部右侍郎兼都察院左佥都御史、总理河道的刘天和突然接到诏书，升迁他为兵部左侍郎，总制三边军务，命其急赴陕西固原就任。

刘天和，湖北麻城人，祖上随明太祖朱元璋南征北战，立有赫赫战功。但他不靠祖荫，苦读诗书，29 岁时高中进士，并一直靠自己的能力搏取功名。"宇度弘亮，有泛应才"的他，不仅是认认真真的实干派，还是传统读书人中少见的"技术派"，喜欢钻研技术，发明器具。此前督治河道时，他就曾发明制作了乘沙、量水的科学器具；后来任三边总制时又发明制造了单轮战车、火器三眼枪等军事利器。刘天和虽是文人出身，却有着难得的"工程师"思维。

刚到固原，57 岁的刘天和马上带领属官亲将前往各个边镇要地巡查，意在知悉"关隘之夷险、城砦之虚实、兵马之强弱、道路之缓急"，从而方便筹划御敌之策。当他第一次来到铁柱泉，便凭着多年工部的职业历练，敏锐地发现这是一个写真要地，大有经营空间。

铁柱泉地理位置非常特殊，其距离花马池、兴武营和小盐池三个关键军事要地的距离均为 90 里，周边地势平坦，周围数百里皆是"沃壤可耕之地"，草木茂盛，可以牧马，周边石沟还有一个小盐池，方便军民供给。最重要的是有一个"水涌如栏，泉水甘洌"的清泉大池，每天可供数万兵马的饮用。

据当地土民和哨兵报告，由于花马池东南一带沙化严重，水源极缺，唯铁柱泉有水，所以每次河套地区的鞑靼部落拆破边墙而入，定会先汇聚此处饮马歇息，整顿数日后方才四处劫掠；每次抢掠而归，又定会再次集聚铁柱泉，"饮牧数日而后出"。

听闻报告，刘天和决定当晚便扎营铁柱泉，并召开帐前军事会议。刘天和结合一路摸底调研心得和实地考察感触，提出铁柱泉是御戎制敌的关键之处。如在铁柱泉修筑高墙大堡，并派重兵驻守，以此断绝敌人兵马水源，使其数百里无饮水之地，便会不战自惫。

但为何前人都不曾图谋这一策略呢？刘天和查阅总制府的官方文牍后，知晓弘治十三年（1500 年），户部尚书、三边总制秦纮就曾有过在铁柱泉筑城的打算，后因形

铁柱泉古城遗址。弘治十三年总制秦
纮始筑，嘉靖十五年总制刘天和重修，
万历三十五年（1607年）在土墙外
甃以砖石。摄影/冯太伟

势变化，只是草草修筑一个狭小的临泉险堡，如今已颓废不堪，也没有军士防守。

与过去相比，这些年边情最大的变化就是敌人变了。此时要立战的对手叫吉囊，年仅 30 岁，是鞑靼部族中兴英主达延汗的亲孙子，统领右翼三大部，于鄂尔多斯驻帐万户，游牧于黄河河套及以西地区。

身为成吉思汗的正统后裔，吉囊能征善战，加上有一个勇猛超群的弟弟俺答（即后来著名的俺答汗，被明廷封为顺义王）辅佐，东征西讨，雄冠漠南，威震西北。嘉靖初年，吉囊两征青海，吞并其他蒙古部落，征服大片故元领土；嘉靖十二年（1533年），他还趁乱取利，率兵入援大同哗变的明军，拉拢许多汉兵逃去关外为其服务，势力日盛。

也就是说，刘天和要应对的敌人，已经不是从前明军眼中的"残虏败寇"，而是动辄可发动数万，甚至一余万骑兵的强大游牧势力共同体。面对无奈的现实，面对兵强马壮的强势敌人，身为三边总制的刘天和颇为焦虑，深知在军事防线最薄弱，也最容易被攻破的花马池一带，尤其需要在军事防御策略上有更为精妙深远的打算。

好在刘天和心底有参考，那就是前任总制，也是他的恩师杨一清依据《易经》"重门御暴[1]"之理设计的战略防御方案。根据蒙古骑兵大规模出击时，必在有水泉的地方安营饮马的习惯和规律，刘天和派出大量夜不收，对敌军在花马池一带的行军路线

和水源基地进行秘密排查。为彻底断绝敌军水源，占据军事战略主动，刘天和参照杨一清的战略思路，结合王琼的"深沟高垒"防御之术，计划在河东至固原之间设置四道重险：

前两道是在"新红等堡直北稍东"之处，增筑两道横墙，目的是围住铁柱泉以南百里的梁家泉（与铁柱泉同年筑堡）；第三道是在旧有的一道 125 里长的深险大泛上，凿崖筑堤，筑墙建堡，提升防御能力；再加上固原大边，共形成四道重险。其中，甜水泉、史巴都等关键水源地也都筑墙保护，从而做到辖区所有水源"俱各俱守"，而铁柱泉水源最盛，地理位置绝佳，自然更要好好筹划，仔细建设。

当刘天和把敌我态势、水源情报、谋略利害、战略筹画等想法娓娓道来时，巡官边将无不叹服。巡抚宁夏都御史张文魁作为地方主官，大加赞帅并表示鼎力支持；陕西按察使司佥事谭阎更是亲自"度垣埔，量高厚，计丈尺"；宁夏总兵官王效亲自督率官兵，筹备筑城用的木柱、畚（běn）箕、铁锹等器具。军士人人乐趋此事，民夫个个竞效出力，七月十三开工，八月十四就已建成，前后仅用一个月的时间，实为奇迹。

新筑的铁柱泉城，城周四里有余，是标准的小城池建制，但城墙高度和厚度超越常制，各达三丈多，非常紧固厚实，可谓"巨防矣"。此外，环城四周挖有宽阔的护城壕，城上建有关楼、敌台、暖铺，城内建

---

1. 即设置多重关隘以抵抗入侵。

有官署、民舍、营房、仓库、校场等，正所谓"廨（xiè）宇仓场，无一不备；宏纲细节，无一不举"。规制非常、设置齐全的铁柱泉城，看起来"炫观夺目"，很难让人相信是一座初建的新城。

城池建好后，刘天和马上优选一批将官，带领 1500 名士兵进驻，并招募一些当地人共同守城。同时，刘天和还在城外开辟田地，派发铁具耕牛；设立草场菜圃，专人牧马养畜；开发石沟盐池，特供堡军食用。为了鼓励堡内军民尽力开垦和畜牧，刘天和还特地向朝廷奏请"三年后从轻起科"的税赋优惠。

颇有意思的是，铁柱泉城的修筑，很大程度是"卓识特见"的刘天和顺势引导下，官军自发建设的超预期结果。梳理历史时间线就不难发现，嘉靖十五年八月十八，就是铁柱泉城已建成四天后，皇帝才收到刘天和要求增筑铁柱泉堡的奏折。起初的城建设想规模不大，只期望能扩建旧堡，把泉水包住即可，然后堡内驻"兵百人，令一校将之"；后写给兵部的文书中，计划又有部分改动，表示"将前堡增筑宽广高厚"，把全泉包入堡内的目标不变，但希望扩建营房，能容纳五百人的规模，并建议"多给军火器械防守"。可皇帝对这两个奏折的批复还没传达下来时，一座超规制的铁柱泉城已经在偏远的边疆拔地而起。

与此同时，宁夏当地的两位文化名士，一个叫胡侍的归乡官员正在对《铁柱泉颂》

雕章琢句；一个叫管律的博学大儒，也已喜气洋洋地开始构思《城铁柱泉碑》，并准备勒石铭记。

时至今日，铁柱泉水依然灌溉滋养着周围农田和居民。

兴武营：破虏应消万古愁

兴武营古城是全国重点文物保护单位，位于盐池县城西北约 48 千米的高沙窝镇二步坑村。该城始建于正统年间（1436—1449 年），由参赞宁夏军务的右佥都御史卢睿督建而成[1]；万历十二年（1584 年），宁夏巡抚晋应槐将土城升级为砖城，墙体筑有腰墩，城门设有瓮城，南瓮门上建有关帝庙，西瓮门上建有财神庙，在城池中间建有鼓楼一座。

兴武营的故事，要从一个盐池当地的历史人物讲起。

他就是明昭毅将军杨钊，生于弘治元年（1488 年）十月。据专家分析，他应是鞑靼后裔，其高祖名叫枢歹，辽东太子府人，后归附明太祖随军征讨，屡有战功，步步高升为从三品金吾右卫指挥同知；曾祖名为麻忽儿克，效力明成祖，袭承指挥同知武职，后被皇帝赐杨姓；父亲杨英，历成化、弘治、正德三朝，官升正三品都指挥金事，领班陕西，守备平虏城。杨钊后来承父荫担任宁夏后卫指挥使，是花马

---

1. 学界另有观点认为兴武营城由巡抚都御史金濂奏置。

池城的第一军事主官。

正德元年，花马池行政级别升格为宁夏后卫时，兴武营也跟着升级为守御千户所，增设将领，分屯重兵，归花马池节制。身为宁夏后卫军事一把手的杨钊，自然对兴武营极为熟知。

早年间，其父杨英曾随大帅才宽出征。才宽是河北迁安人，成化十四年（1478年）进士，性情严厉，脾气直爽。正德四年（1509年）正月，刚升迁为工部尚书兼都察院右都御史的才宽，因不愿和大太监刘瑾共事，主动请命前往陕西担任三边总制一职。

才宽为人"跌宕不羁"，也颇有权谋智慧，但对将吏刻薄寡恩，治军极为严苛。当时无论卫所参将，还是游击将军，凡是稍有退缩之意，才宽不问青红皂白，马上命人将其剥去官服，强迫粉面红唇，戴上妇女头饰，押送到兵营四处游行。这样的羞辱式负向激励，虽客观上起到一定振肃军威的作用，可更多是将帅离心、军心涣散的不良影响，也为他的命运埋下悲剧的种子。

正德四年十一月初五，驻牧河套的鞑靼小王子达延汗再次从花马池处拆墙进犯，才宽亲自率军督战，从兴武营出击，驱兵塞外；同一天命令镇西将军总兵官曹雄、副总兵杨英从花马池方向的大川墩东出境，两军联合"搜套"作战，搜寻一日无果，当夜露宿边外。第二天，才宽派夜不收送来谍报，说侦察到柳条川有鞑军五帐，命令一起联络追击。后追击到瓗羊泉，发现敌骑渐多，这才察觉中了埋伏。

才宽临阵不乱，亲自冲到一线，督促官军团结力战，"斩首四级，射死八人"后，周边沙窝里埋伏的敌军突然四面合围，发力齐射，箭矢如雨，才宽中箭而亡。而曹雄和杨英带领的明军离主帅阵地太远，没法相互应援。听到主将阵亡消息，决定两军合兵一处主动追击，击败敌军后，才收合主帅尸体返回。

对于这场窝囊的战事，明兄上记录甚少，只记录了武宗皇帝的一句评价："（才宽）轻率远涉贪功，然亦赤心为国。"当时名士李梦阳为才宽写有哀悼诗："尚书头颅血洗箭，马革裹尸亦堪羡。"

杨钊的人生高光时刻也和兴武营有关。嘉靖十三年（1534年）七月，野心勃勃的吉囊部结营花马池，秣马厉兵，准备再次大举犯边。时任三边总制唐龙与陕西总兵官刘文一起细心部署，命令各边镇严阵以待。当时宁夏防区由征西将军王效负责，固原防区由刘文直接坐镇，陕西副总兵梁震则充当游击将军，随时准备策应截杀。

七月十四日，敌人从定边进入铁柱泉，被刘文直接带兵堵截，敌军直逼固原的计划流产；八月四日，小部分敌军杀至兴武营附近，指挥王缙与田国组织城内将士沉着应战，充分发挥火器和边墙优势，大破敌军；稍后，不甘失败的敌军大批涌来，合攻兴武营。王效带领一众将士赶来支援，大战一场，敌军撤退途中，又遇各地驻军阻击和各路哨营截杀，军心大溃。这场战役前后持续二十天不到，连续取得三次大捷。当时名士康海受三边总制唐龙之托，洋洋洒洒写出《平虏大捷记》，详细记录了此役。

兴武营古城遗址。位于盐池县城西北48千米，今高沙窝镇二步坑村。唐代属鲁州。正统年间，由参赞宁夏军务的右佥都御史卢睿督建而成。万历十二年，宁夏巡抚晋应槐将土城升级为砖城。现为国家级重点文物保护单位。摄影／丁翔宇那么，这个故事中的杨钊呢？当时任都指挥佥事的他，虽官居三品，但还是无法挤进宏大的历史叙事体系中。他只能把自己一生为之骄傲的高光时刻，写进墓志铭里，这里也摘录一段精彩的细节：

当时战事正酣，大批敌寇从安定堡处拆墙突入，敌势非常猖獗，负责防御的众将都很害怕，一致认为"不可交战"。唯有正值壮年的杨钊"独无惧色"，想了不少奇策和对应办法，并最终"从容取胜"。杨钊在这场战役里的出色表现，给上级留下深刻印象。刘天和任三边总制时对他颇为赏识，提升其为都指挥使，晋阶昭毅将军。

58 岁那年，杨钊碰到对他影响极大的一位三边总制曾铣。曾铣是浙江人，嘉靖二十五年（1546 年）四月，以兵部右侍郎兼都察院右都御史的身份，总督三边军务。当时大明的对手已换成吉囊的弟弟俺答汗。这位可汗势力更强，野心更大，犯边的力度也更是凶猛。

曾铣上任不久，俺答汗就领兵十万，再次"入寇"宁夏，准备和新对手过过招。可让俺答汗没想到的是，这个新帅完全不按常理出牌，他果断放弃以往明军的防守策略，采取"你打你的，我打我的"的非常规军事谋略，派兵出塞，直捣敌寇巢穴，斩首百余级。听闻自己的老巢被端，俺答汗部顿时人心涣散，被迫回撤，西北边情危机也随即解除。

在敌军眼里，曾铣是拥有"天兵"和"神物"的军神级人物，竟敬呼其为"曾爷爷"。和刘天和一样，曾铣热衷发明军械、创新战法。他发明了对应骑兵的火器与战车协同作战的阵法，自制了一种叫"慢炮"的火器（原理如现代手榴弹），还发明了最早的地雷。

也许正是基于强大的技术优势和用兵伐谋的军事战略自信，和以往稳健持重的边帅不同，曾铣非常热衷于主动进攻，他最有名的政治建议便是"复套之议"。他的《请复河套疏》《重论复河套疏》《复套方略》等奏章字字珠玑，不仅爱国情绪饱满，谋略高深长远，而且建议条理清晰，计划严谨得当，可谓强国济世之良谋。可惜世宗皇帝多疑善变，加上朝中阁臣[1]内斗不止，借题发挥，曾铣先是被肯定后来又被否定，最后莫名招来杀身之祸。

嘉靖二十七年（1548 年）三月，曾铣被冤杀京师，妻子流放两千里。听闻对手"自毁长城"，俺答汗大喜，此后频繁组织兵马侵边，嘉靖二十九年（1550 年），更发动全面入侵，史称"庚戌之变"。由于朝内阁臣奸滑，主帅昏庸无能，各个边镇多是闭关自保，俺答汗率军一路势如破竹，最终杀至北京城下，昌平的明帝陵寝也被攻掠。最后朝廷无奈签下"通贡互市[2]"的协议，蒙军方才满意退兵。

这场窝囊至极的防御战事带来巨大的损

---

1. 明代大学士的别称。
2. 即蒙古定期向朝廷进贡，同时朝廷下发赏赐，并开放边境贸易。

大明边军"夜不收"装备图解

盔子盔

青布铁甲

棕头

皮囊水壶

牛角短弓

铁臂铠

虎皮障泥

马镫

雁翎刀

箭囊及竹杆小箭

羊毛毡毯

圆形藤制盾牌

乌皮战靴

蒙古战马

"夜不收"是明代长城防守军中的哨探（侦察兵），主要负责刺探敌方消息，获得军队部署动向，为己方制定作战计划提供情报参考，为军事行动提供向导等。因任务性质特殊，其装备以轻便、精巧、实用为主。插画设计／九阳

兴武营出击作战示意图。在明朝军事行
动中，通常是先用火炮进行炮火轰击，
然后步兵手持火铳射击，进行火力压
制，最后由骑兵手持三眼铳冲锋到敌军
阵前近距离射击。图为明军热兵器与蒙
古骑兵冷兵器交战场景。

失，被劫掠的人畜数量达到惊人的二百万。已过花甲之年的杨钊听闻消息，心死如灰，遂告老致仕，此后"绝口不道世事"。

国殇莫大于士子心死，边乱莫过于武人自弃。垂垂老矣的杨钊知道，纵是再高厚的边墙，再深阔的高堑，也终是拦不住那勇猛凶悍的游牧军兵；纵是再神武的将帅，再勇猛的士兵，也终是保不了这风雨飘摇的大明王朝。

历史回响：长城内外是一家

很多人不明白，为何俺答汗能打最狠的仗，却提出最卑微的议和要求——通贡互市。

如果换成对方的视角审视，一切都会顺理成章。明朝以来，退守漠北漠南的鞑靼部落又回到"人不耕织，地无他产"的单一脆弱游牧经济，"锅釜针线之日用，须藉中国铸造；绸缎绢布之色衣，惟恃抢掠"。所以一旦明廷拒绝互市，其族人的生活就会陷入困境，没有锅具煮饭，没有衣服可穿。境外牧民"瘦饿之形，穷困之态"，连边地的汉人军民看到都无不觉得可怜。

自嘉靖二十年（1541年）至嘉靖二十八年（1549年）的九年时间，俺答汗连续五次派使者与明廷谈判，要求逐贡，每次都以蒙古至高礼仪表示诚意，上表的奏章也"词颇恭顺"，并承诺可以"饮血为盟誓"，提出"边民垦田塞中，夷众牧马塞外，永不相犯"的和平建议。对于犯边事宜，也坦率承认是"以求贡不得，故屡抢"。

此后几年，俺答汗又多次派使者谈判，

甚至做出"钻刀为誓[1]"的极端举动，只是恳请开放马市，增加贸易范围（从布帛到粟、米、麦、锅等），但偏激的世宗皇帝和顽固的阁老朝臣，却守着"华夷之辨"的腐朽成见，固执地拒绝这些合理的贸易往来建议，甚至恶意斩杀来使。

边地战事则愈发频繁、惨烈。嘉靖三十二年至四十五年（1553年—1566年），明朝边军仅总兵、副总兵级的战死者就达十余人，军费急剧增加，京城和边镇的防务支出每年达四五百万两，财政极度空虚，甚至到了"岁入不能充岁出之半"的地步。

隆庆五年（1571年），明廷终于修正偏执的边事政策，封俺答汗为"顺义王"，封其妻子三娘子为"忠顺夫人"，建立和平的通贡互市贸易关系。其中，宁夏边墙地界的花马池市成为蒙汉交易最繁荣、最有名的集市。此后在三娘子的个人威望和政治智慧影响下，蒙汉和睦相处，双方不用兵戈长达二十余年。

然而，没有清晰的国家安全战略，没有高明的民族融合政策，一切也终是权宜之计。

当大明王朝还在纠结于华夷之辨，得意于羁縻制衡，醉心于分划打压的陈旧统御权谋时，白山黑水之间已经悄然崛起一个新的部落，通过世代联姻、满蒙一家等怀柔策略，加上划分牧地、编旗设佐、更定爵秩、军令政令统一等强硬政治手段，最终收服庞大的蒙古部落，并入关南下，统一中国，实现了"长城内外是一家"的终级治理梦想。

康熙三十六年（1697）三月，44岁的康熙皇帝亲率大军远征噶尔丹，路过花马池时，沿明长城内侧西行，依次驻跸于安定堡、兴武营。在兴武营，康熙见当地野鸡、野兔较多，成群结队，便来了兴致，还进行了一次狩猎。

康熙在沿途看到已经废弃的边墙、墩堡、烽燧，内心毫无波澜。他认为长城已经完全失去军事价值和政治意义，正如二十年后他给古北口总兵批奏（拒绝修复长城）时说的：

"秦筑长城以来，汉、唐、宋亦常修理，其时岂无边患？明末我太祖统大兵长驱直入，诸路瓦解，皆莫能当，可见守国之道，惟在修德安民，民心悦则邦本得，而边境自固，所谓众志成城者是也。如古北、喜峰口一带，朕皆巡阅，盖多损坏，今欲修之，兴工劳役，岂能无害百姓？且长城延袤数千里，养兵几何，方能分守？"

康熙皇帝对长城不感兴趣，但对长城内外民生问题则很是关注。听闻官员反映花马池一带有汉人越界到草原上耕种，他认为是件好事，应予以支持。在与蒙古、宁夏官员充分沟通并了解情况后，康熙颁布圣旨，要求定边、花马池、平罗城三处与横城一带，允许"边内汉人与蒙古人一同耕种黑界地"，而且双方"一体贸易，与民杂耕"。同时责令双方各自约束边民，不得欺凌，不要争斗。

从此，长城外50千米的地界，开始呈现蒙汉杂耕、农牧融合的和谐局面。一百年

---

1. 立誓人从刀斧等兵器交错下钻过，表示如果背誓，甘愿死于刃下。

《俺答汗进贡图长卷与表文》中的
"俺答汗与三娘子"图，记载的是"隆
庆议和"后，俺答汗向明朝进贡的画
面，这是一份弥足珍贵的蒙汉合璧、
图文并茂的历史文物，此图现藏于俄
罗斯圣彼得堡东方文献研究所。
供图/段战江

前因"隆庆议和"开设的花马池互市，也因康熙的支持而恢复，并新设立骡马大会，鼓励蒙汉边民自由交易。

历史进入了20世纪。1941年11月，宁夏第一个县级红色政权盐池县成立的第五个年头，在陕甘宁边区政府的倡议下，由延安商会牵头成功举办了已因战乱停办20年的骡马大会，双边民间贸易再次繁荣起来。此后每年农历五月，都会按惯例在盐池县举办骡马大会，政府要求商民必须买卖公平，不得敲诈勒索，同时要求对于从远地赶来的蒙古族和回族同胞予以服务便利和生活优待。

硝烟散去，昔日的边地内外已成为统一的华夏大地。山河依旧，无语的长城，屹立的墩台，孤独的城垣统统失去了旧时的光彩，坦露出黄土的本色，默然化成一道起伏的历史脉络。

盐池长城关，不仅是中国万里长城千百座关隘中唯一以"长城"命名的关隘，更是一段民族交流与融合的历史见证。今天，修葺一新的长城关入围"神奇西北100景"榜单，重现当年雄关之风。摄影/薛月华

参考资料：

[1] 明太祖皇帝钦录，明清论丛第六辑 [M]. 北京：紫禁城出版社，2006.

[2] 明太宗实录 [M]. 台北：台湾中央研究院历史语言研究所，1962.

[3] 明英宗实录 [M]. 台北：台湾中央研究院历史语言研究所，1962.

[4] 明宪宗实录 [M]. 台北：台湾中央研究院历史语言研究所，1962.

[5] 明孝宗实录 [M]. 台北：台湾中央研究院历史语言研究所，1962.

[6] 明武宗实录 [M]. 台北：台湾中央研究院历史语言研究所，1962.

[7] 明世宗实录 [M]. 台北：台湾中央研究院历史语言研究所，1962.

[8] （清）张廷玉等撰. 明史 [M]. 北京：中华书局，1974.

[9] （明）杨一清. 关中奏议，四库全书（文渊阁本）卷五十五，史部十一 [M]. 上海：上海古籍出版
     社，2014.

[10]（明）杨一清. 西征日录，杨建新主编. 古西行记选注 [M]. 银川：宁夏人民出版社，1987.

[11]（明）王琼. 北虏事迹，全声玉振集（影印本），册 11[M]. 北京：中国书店，1955.

[12]（明）王琼撰. 卓锦珩辑校. 王琼集 [M]. 太原：山西人民出版社，1991.

[13] 牛达生，牛春生校勘. 嘉靖万历固原州志 [M]. 银川：宁夏人民出版社，1985.

[14] 佚名著，朱风，贾敬颜注. 蒙古黄金史纲 [M]. 呼和浩特市：内蒙古大学出版社，2014.

[15]（明）刘天和. 刘庄襄公奏疏，陈子龙等选辑. 皇明经世文编 [M]. 北京：中华书局，1962.

[16]（明）王世贞. 明光禄大夫太子太保兵部尚书赠少保刘庄襄公墓志铭，钦定四库全书. 弇州四
     部稿卷八十六 文部 墓志铭七首 [M/OL].http://ab.newdu.com/book/s276750.html.

[17]（明）康海撰，贾三强，余春柯校. 康对山先生集 [M]. 西安：三秦出版社，2015.

[18]（明）张雨撰. 边政考，王友文主编. 中华文史丛书 [M]. 台北：华文书局，1969.

[19] 吴忠礼. 宁夏志笺证 [M]. 银川：宁夏人民出版社，1996.

[20]（明）胡汝砺撰. 弘治宁夏新志（影印本），吴忠礼主编. 宁夏历代方志萃编（第二函）[M]. 天津：
     天津古籍出版社，1988.

[21]（明）胡汝砺撰，陈明猷校勘. 嘉靖宁夏新志 [M]. 银川：宁夏人民出版社，1982.

[22] 宁夏文物考古研究所等. 盐池冯记圈明墓 [M]. 北京：科学出版社，2010.

[23] 党英才. 盐池历史文化人物 [M]. 北京：中国文史出版社，2016.

[24] 清圣祖康熙实录 [M]. 台北：台湾华文书局，1969.

[25] 盐池骡马大会优待蒙回民族 [N]. 解放日报，1944-07-25(2).

自长城修筑以来，长城沿线就出现许
多集市，两边的人民通过贸易活动，
各取所需。盐池县的骡马大会，延续
了几百年，承载着商贸流通、文化交
流和民族融合的使命。图为1962年，
盐池县骡马大会盛况。供图 / 盐池县
委党史研究室

哈巴湖：
荒漠里的"生物基因库"

撰文
舒泥

供图
宁夏哈巴湖国家级自然保护区管理局

70 年前，哈巴湖还是一片沙荒地，让它披上绿装是当时人们豪迈的理想。现如今，这里乔灌错落，林草丰茂，湖泊湿地星罗棋布，已成为滋养盐池的一座"生态绿岛"，也是西北地区重要的生态屏障，2006 年经国务院批准建立宁夏哈巴湖国家级自然保护区。

在众多地理、地质、农林、生态学者眼中，哈巴湖被视为珍宝，因为它是荒漠草原上的"跨界之王"：在地形上，是黄土高原和鄂尔多斯台地的过渡带；气候上，是半干旱和干旱地区的过渡带；植被上，是干旱草

秋日的哈巴湖，层林尽染，如一幅油画。经过多年的生态治理，昔日的荒漠戈壁如今湿地湖泊星罗棋布。"哈巴"寓意为"勺子"，意指北斗七星。

原和荒漠草原的过渡带；资源利用方式上，是农区向牧区的过渡带……多样化的自然环境，造就了丰富的动植物资源，哈巴湖也因此被誉为荒漠里的"生物基因库"。

沙水林草和谐共生，飞禽走兽栖居于此。在荒漠地区，汇聚如此众多的生态系统和地貌类型，更加弥足珍贵。而对哈巴湖的修复和利用，是盐池绿色发展的一个"生态样本"，也是构建"山水林田湖草沙生命共同体"的一个生动实践。

荒漠与湿地：重归"湿"意生活

"欢迎来到宁夏哈巴湖科普宣教中心！"在哈巴湖科普宣教中心，讲解员饶萍轻声细语地为我们讲解当地的历史、地理和野生动植物。不过博物馆讲解并不是饶萍唯一的工作，她还有一个重要的身份，就是保护区的野生动物监测员，每年春秋两季都要到野外数迁徙路过的候鸟，"博物馆的这些鸟是标本，野外的它们是真实飞翔的精灵"。

"我们现在有6个管理站，每个管理站有两个监测员，管理局还有4个专职监测员，一共16人。其实，我们保护区的所有人都是兼职的监测员。"哈巴湖国家级自然保护区管理局科研宣教科科长余殿说，跑野外是大家都会经常参与的工作。

保护区成立以后，鸟类的观测记录一下子多了。"过去大家也就见过赤麻鸭和灰鹤，很多鸟都没见过，像大天鹅、小天鹅、黑鹳、白琵鹭，以前都没注意过。"余殿认为这有

哈巴湖国家级自然保护区内花马湖景观。

左上：白腰杓鹬；左下：遗鸥；右下：
大天鹅。供图 / 宁夏哈巴湖国家级自
然保护区管理局；
右上：大鸨；左中：灰鹤；右中：赤麻
鸭。供图 / 视觉中国

两方面的原因：一个是保护得好了，鸟种真的增加了；另一个是观测做得多了，发现自然就多了。

在博物馆的标本前，管理局资源保护科副科长石慧书忽然指着大鸨的图片说："这个我见过。那天在我面前突然飞起来，体型特别大，而且它们都是一对一对出现的。"大鸨是国家一级保护动物，因为它体型硕大，动作不快，曾经一度成为被猎杀的对象。现在加强保护后，人们在野外也能经常见到它。

因为过去以讹传讹，鸨这种鸟背负了很久的误解，被认为是一种不贞的鸟。《国语》曾记载："鸨，纯雌无雄，与它鸟合。"但其真实原因是：大鸨越冬时雌雄分离，成年雄性大鸨每年越冬时大都只飞到黄河流域，而雌性和群不耐严寒，因此南方的人每年只看到雌性大鸨带着小鸟来越冬。实际上在繁殖地，这种鸟总是成双成对出现。有珍稀物种大鸨在此繁殖，这个保护区不禁让人眼前一亮。

赤麻鸭、灰鹤、天鹅、黑鹳都是水鸟，在人们的印象中，它们应该出现在水乡泽国，可哈巴湖自然保护区到处是旱生、沙生植物，这些水鸟又是如何生活的？

2003年，保护区的前身——盐池县机械化林场准备申报国家级自然保护区时，认为这里气候干旱，遍地流沙，应该建立一个荒漠类型的自然保护区，但是附近已经有了一个荒漠类型的自然保护区（宁夏白芨滩国家级自然保护区），哈巴湖再申请很难获批。于是林场邀请了一些专家来考察，这其中就包括北京林业大学的罗菊春教授。

罗教授带领科研团队在盐池做了大量的实地调查之后认为，这里是干旱草原带，但分布着很多盐碱沼泽，应该申请湿地类型的保护区。当时中国加入《国际湿地公约》不久，正在推动建立湿地类型自然保护区，而盐池人并没有注意到的那些盐碱滩（盐沼）、小湖泊就是重要的湿地资源，这不仅让保护区申请有了思路，也打开了林场工作人员的视野。

"我们当时也很惊讶，过去没怎么关注的那些盐沼、泥沼竟然是重要的湿地！"余殿说。专家们的看法让林场人认识到，在干旱的西北，这些湿地弥足珍贵，正是有了这样的湿地，才给众多野生动植物提供了生存空间。

湿地被誉为"地球之肾"，是防止土地沙漠化的重要屏障，具有水土保持、涵养水源、净化水质、蓄洪防旱、调节气候和维护生物多样性等重要生态功能。

经过多年的生态保护修复，目前哈巴湖国家级自然保护区（以下简称哈巴湖保护区）共有大小湿地36个，湿地面积达93.53平方千米，占保护区总面积的11.14%。这些湿地像一颗颗明珠镶嵌在荒漠之中，使荒漠充满了生机。

今天，当你去到花马湖，便能看到须浮鸥上下翻飞；在哈巴湖及周边，只要有一个小水面，就少不了赤嘴潜鸭、白骨顶等小型水鸟身影；如果有一个草甸和浅水交界的泥滩，就会看到大天鹅、黑鹳、白琵鹭、灰鹤等体型稍大的水鸟。

随着湿地增多，保护区频频吸引"明星"鸟种到访。目前，保护区监测记录国家一级保护鸟类黑鹳、金雕、大鸨、遗鸥、青头潜鸭、卷羽鹈鹕、猎隼等 11 种，国家二级保护鸟类大天鹅、白琵鹭、蓑羽鹤等 25 种。此外，还有 70 余种候鸟在迁徙时选择在此停留补给。

水鸟一向被誉为"生态环境晴雨表"，它们就像环境影响评价工程师一样，为一个地方的生态环境"投票"。这些珍稀鸟类的出现，说明哈巴湖保护区生态健康状况持续向好。

"跨界之王"：过渡带上的多样性

从地图中可以看出，哈巴湖保护区位于盐池县中北部，呈"V"字形，将县城包裹其中。保护区中部有两道黄土梁地，分别构成南北向和东西向的分水岭。

保护区的南北两边景观各异：北部毛乌素沙地沙丘连绵起伏，一望无垠，呈现出一派雄浑的大漠景观；南部鄂尔多斯缓坡丘陵绿树成荫，绿草盈盈，大小不等的湿地、水塘点缀其间。沙丘后如盖的树冠若隐若现，像云朵般美轮美奂；北沙柳、乌柳点缀在沙丘上，恰似沙湖中的芦苇丛，一簇簇、一丛丛，簇簇色不同，丛丛姿相异；微风轻拂，绿草犹如湖水般绿波荡漾。

不同的景观源自不同的地质、气候和土壤。盐池县南北分为黄土丘陵和鄂尔多斯缓坡丘陵两大地貌单元，保护区处于两大地貌单元的过渡带上；盐池县的年均降水量自东南向西北，从 300 毫米迅速过渡到 150 毫米，保护区处于半干旱区向干旱区的过渡带；这里的土壤从黄土过渡到沙土，植被也由草原植被向沙地植被、荒漠植被过渡；200—300 毫米降水量区是农业向牧业过渡的地区，盐池是宁夏唯一的农牧交错区，因此这里又成为农牧过渡带。

所以，哈巴湖保护区称得上是荒漠草原上的"跨界之王"：在地质过渡带、气候过渡带、植物类型过渡带和生产方式过渡带上变迁、演化。

由于保护区过渡地带特征明显，动植物具有在荒漠草原地区特殊环境下形成的耐旱、耐寒、耐辐射、耐盐碱等生物学特性，使保护区成为一处不可多得的野生物种基因库，具有重要的保护和科研价值。

从 2013 年开始，南开大学的生态学副教授何兴东带领科研团队在这里进行了全面的动植物监测。"就动物而言，哈巴湖自然保护区没有特别典型的特有物种。"他的意思是说，哈巴湖保护区虽然有 12 种国家一级保护野生动物，但这里不像大熊猫国家公园，有大熊猫作为旗舰物种，也不像东北虎豹国家公园，有东北虎和东北豹作为旗舰物种。

"尽管暂时还没有旗舰物种，但并不影响这里的生物多样性之美。复杂的过渡带和生物多样性，才是哈巴湖生态的核心价值。"何兴东教授说，哈巴湖保护区的保护对象为过渡带生态系统（荒漠草原—湿地生态系统），过渡也就意味着共存，即在同一个地方就有不同生态系统的物种同时分布。

比如在沙边子村，荒漠生态系统的物种白沙蒿，与草原生态系统的物种黑沙蒿毗邻分布；在双堆梁，荒漠生态系统的物种戈壁针茅、沙生针茅，与草原生态系统的物种长

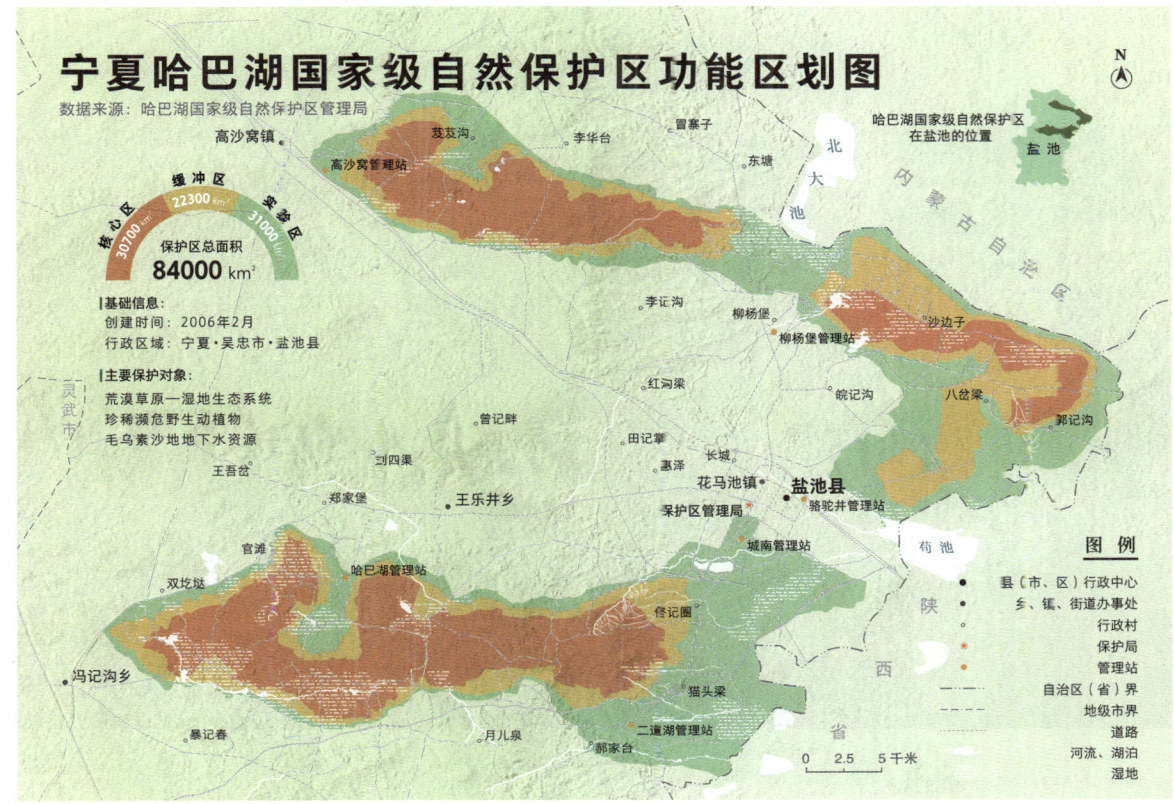

宁夏哈巴湖国家级自然保护区功能区划图

数据来源：哈巴湖国家级自然保护区管理局

哈巴湖国家级自然保护区
在盐池的位置

核心区 30700 km²
缓冲区 22300 km²
实验区 31000 km²
保护区总面积 **84000 km²**

基础信息：
创建时间：2006年2月
行政区域：宁夏·吴忠市·盐池县

主要保护对象：
荒漠草原—湿地生态系统
珍稀濒危野生动植物
毛乌素沙地地下水资源

图例

县（市、区）行政中心
乡、镇、街道办事处
行政村
保护局
管理站
自治区（省）界
地级市界
道路
河流、湖泊
湿地

0　2.5　5千米

芒草（本氏针茅）毗邻分布，这些镶嵌分布的生态系统，不且是很好的物种基因库，也是很好的科研基地。

就动物而言，哈巴湖保护区的湿地生态系统是鸟类迁徙非常重要的补给站；荒漠草原生态系统又为石貂、荒漠猫、兔狲等兽类提供了栖息环境。据统计，保护区记录国家一级保护野生动物12种，国家二级保护野生动物29种（合计兽类5种，鸟类36种）。在自然条件恶劣、面积相对较小的地区，集中如此多的物种，与相邻的各类自然保护区相比较，具有很高的多样性。

就植物而言，保护区有落叶灌丛、草甸、草原、草原带沙生植被、荒漠、水生植被、沼泽及河漫滩植被等七个植被类型，构成了多样的自然景观；保护区境内有368种野生植物，其中有发菜、甘草、沙芦草、锁阳4种国家重点保护植物。多样的植被类型对区域生态系统的稳定起着重要作用。

因此，过渡带的核心价值便是丰富的生物多样性——生态系统多样性、物种多样性和基因多样性。

生态之变：从沙化带到保护区

站在哈巴湖管理站背后的丘陵上，余殿指着两个高耸的土堆说，传说这两个土堆叫

经过多年的治理，哈巴湖地区的盐碱滩都变成了绿草滩，曾经的一个个沙丘都被绿草覆盖。

双星堆，这里过去生活着游牧民族，通过观星看方向。这儿是哈巴湖的制高点，也是观星的最佳位置，在这里放眼眺望哈巴湖，它像一个大盆地，又像一条星河。传说这两个堆是"牛郎星堆"和"织女星堆"——牛郎织女相会的地方。也有传说狄青和双阳公主将生下的双胞胎的胎盘埋在了这两个堆下。"哈巴"在当地游牧民族语言中的意思是"勺子"，代表北斗七星。这里曾经温暖、湿润，是一个大型湖泊，后来气候变迁，湖泊渐渐干涸，可以看到这个"大盆地"中间的狭窄处是一条故河道，形状有点像勺子，因此被命名为"哈巴湖"。

站在山头眺望，哈巴湖盆地底部有起伏的沙丘，上面长着一丛一丛的树木。那些树木是 20 世纪 60 年代种下的，四周灌木和青草丛生，还有新栽的绿化树。

盐池县中北部有三条流沙带，从盐池还隶属于陕甘宁边区的时候，边区政府就开始治沙。1949 年后，在三条沙带上建了六个林场，核心任务就是治沙。

治沙靠的是苦干。保护区有一棵 70 年树龄的老榆树亭亭如盖，70 岁的林场老职工刘钧抚摸着它说："70 年前这里是大沙窝，种一棵树比养个娃娃都难。"

1978 年，国家开始实施"三北"防护林

体系建设工程，林场迎来了新机遇；1979 年，经原林业部批准成立盐池机械化林场，成为"三北"风沙线上防沙治沙的排头兵；1999 年 11 月，国家实施西部地区大开发战略；2000 年，国家实施六大林业重点工程：天然林资源保护工程、退耕还林还草工程、"三北"及长江流域等重点防护林体系建设工程、京津风沙源治理工程、野生动植物保护及自然保护区建设工程和重点地区速生丰产用材林基地建设工程。这六大林业重点工程中，与哈巴湖相关的就占了四项。

北京林业大学的张克斌教授来考察后，建议林场："不要只保护树了，把野生动植物、整个生态系统保护起来，建立自然保护区。"从此，林场的发展便有了方向。

保护区呈带状分布，像一把以县城为中心的弯曲折尺，成为盐池县城的生态屏障。事实上，保护区就是在当年的三条沙带上建立的。当年的六个林场，如今成了保护区的六个管理站。

哈巴湖管理站的站长王自亮在这里工作了 20 多年，他说这些年最深的印象就是种树："以前是林场工人自己种，现在国家有钱了，资金充裕了，就雇工程队来种。"

保护区建立后，有了专项资金，便开始用大量的草方格固沙。沙丘固定以后，再撒

草方格治沙。通过研究发现，1米×1
米的草方格固沙效果最好，三五年后
沙面上形成的生物结皮能更有效地固
定沙面。供图／视觉中国

上草籽，大片的土地便披上了绿装。从沙带到一片葱绿，这个变化足以令人震撼。"原来我们主要是种树，现在主要是管护，管开荒、禁牧、防火……"王自亮说。经过多年的植树种草，流沙已全部被固定住了。

在保护区附近的沙泉湾荒漠化综合治理示范项目区，四周百草丛生。石慧书一边开车一边感慨："这地方以前全是沙子，我们打草方格，栽了很多樟子松。"余殿指着樟子松背后长满青草的小丘说："你看，还能看出新月形的沙丘形状，这里原来都是流沙。"

"哎！我们这里呀，不适合种乔木，刚种的几年能活，等一长大，耗水量增加，就不容易存活。我们修了这条路，路面排水正好能浇灌这些樟子松，要不然这些树活不了。"石慧书说。大自然真是神奇，一个小的扰动就能生成不同的结果。如今路两边的樟子松长成高大的行道树，显得路都有点窄了。

虽然也有自然条件因素，但哈巴湖保护区还是给人感觉是人种出来的，人管护出来的。人类活动对自然的正向改变，在这里体现得特别明显。

甘草命运：从沙地到草原的演替

谈到哈巴湖地区最重要的植物，何兴东教授说："无疑是甘草和黑沙蒿。"盐池县被称为"中国甘草之乡"，过去还有个国营企业盐池制药厂，当地人都叫它"甘草膏厂"，甘草膏的主要原料就来自保护区。

保护区的原生植被中，最典型的当属黑沙蒿。黑沙蒿原产于中国，是草原带沙化以后最主要的固沙物种，不但防风固沙，还是先锋物种，可以改善整个生态环境，提升生态系统服务功能。冬天它是牧民烧炕的主要燃料，也是牲畜过冬的草料。

2003—2005 年和 2013—2015 年，保护区先后两次进行了综合科学考察，余殿两次都深度参与了监测活动。问这两次考察最深的印象是什么？他说："植被发生变化了，甘草和黑沙蒿少了，好多地方已经见不到了，草原植被多起来了！"

甘草曾经是盐池最重要的经济作物，挖甘草也是造成当地生态持续变坏的原因之一。"我们这里是中药材甘草的原产地。20 世纪 90 年代以前，老百姓就是种地、挖药材、打猎，春秋两季，都靠挖甘草挣零花钱。"余殿说，挖过甘草的土地满目疮痍，对环境破坏很大。

退耕还林以后，国家给予农民补贴，退一亩地每年给 200 斤粮食。2000 年以后，经济活跃了，打工的机会多了，老百姓搞建筑、跑运输……挣钱的门路多了，挖甘草的就少了。"2003 年前后，盐池就全面禁止采挖甘草了，但有人还是会偷着采。2006 年哈巴湖保护区晋升为国家级自然保护区，保护力度加大，挖甘草的现象基本消失了。"余殿介绍说。

不过让余殿也没有想到的是，甘草禁采以后，数量并没有大增，反而减少了。第二次综合科学考察时，他发现：由于保护区内的沙化得到控制，流沙面积减小后，喜沙植物——甘草、黑沙蒿、苦豆子、华北白前、骆驼蓬这些沙生植物减少了；草原植被面积则逐渐扩大，禾本科的针茅类植物开始变多。

针茅是典型的草原植被，这里的流沙变少之后，本来零星分布的针茅逐渐连成了片。植被恢复得再好一些时，就出现了大针茅。不过也有专家认为，大针茅的出现和气候变化有一定的关系，主要是因为降雨带的北移。

本氏针茅和短花针茅如今是这里分布的典型草原植被，它们以前呈零星分布，如今大面积生长。植物多样性增加了，每平米的草原植被物种数达到 30 多种；植物群落种类变丰富了，生物数量自然也跟着增加。

因为甘草和苦豆子都有很高的药用价值，常有农林科研院所的师生来做研究，他们整天问："哪里有整片的甘草和苦豆子，我们选一块做监测的样地？"余殿既得意又无奈地说："被草原植被演替了。"何兴东教授同意他这个说法。

2015—2019 年，宁夏大学林业与草业学院副教授李小伟在哈巴湖保护区做植物研究，后出版了《哈巴湖植物图志》。2022 年，他又带领科研团队开展生物多样性监测，他们的监测同样发现：哈巴湖正在发生绿进沙退的正向演替。

哈巴湖保护区秋日植被景观。

←　柠条开花。摄影：秦树高

↓　茂密生长的北沙柳。北沙柳抗风沙，不择土壤，易生长，常作固沙造林树种。

生态景区：感受自然之美

随着生态环境的改变和植物群落的演替，如今在哈巴湖保护区的茫茫草场上，遍布着一种不起眼的物质——土壤结皮，这是由地衣、苔藓、藻类、菌类等构成的复合体。在干旱荒漠地区，土壤结皮会随着植被覆盖度的增加逐渐形成，然后就可以固定流沙，土壤也会变得越来越肥沃。

这神奇的一抹绿色，是对荒漠地区植被恢复的一种褒奖。虽然它的考验期有点长，至少需要十几年的持续发育才能形成，但哈巴湖保护区为它耐心地提供了这样的守护。

保护区的很多变化还和柠条有关。柠条（盐池地区栽植的柠条主要为小叶锦鸡儿和中间锦鸡儿）是豆科植物，根系发达，固沙能力强，能改善土壤。在西北的荒漠中，柠条堪称一道风景、一个乐章、一个"功勋家族"。

20世纪80年代，人们发现了柠条的绿化价值，于是盐池各地都种柠条固沙。2000年以后，"三北"防护林体系建设工程也选用了柠条来治沙。后来造林机械化，栽种柠条就采用"条播"的方式，用拖拉机一行一行播种下去，所以现在人们看到的盐池柠条经常是一行一行地生长在各种各样的地形上。

柠条开黄色的小花，像许多豆科植物一

样，它的花冠是蝶形的，花落会结豆荚。五月柠条开花时，哈巴湖成片的柠条形成金黄色的花海。每年柠条开花的季节，盐池都会举办赏花节，各地的游客纷至沓来。大家来之前都很难想象，这样干燥的地方也有如此金灿灿的花海，不得不说是大自然的馈赠。

哈巴湖保护区，是一个在人工干预下，从荒漠逐渐演替成草原，植被从贫瘠变为多样的地方。人工干预让这里发生了沧桑巨变。现在是继续种更多的树，还是降低植株高度和密度，保护生物多样性？哈巴湖保护区在选择的十字路口，也面临着大自然的考验。

一位中科院生态专家指出，有些问题是发展中的问题，哈巴湖保护区已经从造林阶段进入管护阶段，策略也需要做出相应的调整，要更适合维护本地的生物多样性，而不是一味造林。

如今，保护区也在探索新的出路，如在实验区打造生态景区，提供科普、研学、休闲、避暑等生态旅游服务。这里远离城市，天空纯净，光污染少，正是观赏星空的绝佳地。每年夏天，哈巴湖生态旅游区会举办"星空露营大会"，吸引众多天文爱好者来此体验星空魅力。

哈巴湖科普宣教中心和各类观测站也成为当地的科普教育基地。北京林业大学、南开大学、宁夏大学、宁夏农林科学院等很多科研院校都在这里展开科研实验，这个多样性的过渡带也为科学研究提供了特别难得的样本。

沧海桑田，斗转星移。曾险被黄沙淹没的容颜，在人们多年持续的努力之下，绿进沙退，再现草木葱茏，水清岸绿。来哈巴湖，看疾风劲草，寻自然奥秘，感受生命肆意生长。

哈巴湖生态旅游景区的天文台。天文台地处保护区内，远离城镇和工业区，几乎没有人造光源污染，周围是草原和戈壁，视野极为开阔，正是观赏星空的绝佳地点。摄影 / 杨建平

哈巴湖国家级自然保护区城南管
理站四儿滩湿地。供图／宁夏哈
巴湖国家级自然保护区管理局

地

道

风

物

历史上，盐池县有大小盐湖二一多处，是历代产盐重地。汉代时，盐池即设有盐官；宋夏时，盐池盐是宋夏经济的重要来源之一；明代，盐池是宁夏后卫中的重要边防地，盐同样是受到保护的重要资源；在革命战争时期，盐池是陕甘宁边区重要的产盐地，被称为"聚宝盆"，特别是在大生产运动期间，盐池县是贡献突出的"经济特区"和生产富地。

邂逅秦汉帝国：
张家场古城猜想

撰文
聂靖

摄影
冯大伟

公元 79 年，维苏威火山爆发，亚平宁半岛的庞贝古城一夕掩埋火海。大约同一时期，欧亚大陆另一端，汉帝国边陲的一座城市也悄然掩埋于历史的黄沙。正如庞贝古城掀开了罗马帝国恢弘画卷的一角，人们期待能够在张家场古城找到重返秦汉帝国现场的时空之门。

张家场古城位于盐池县城西北 17 千米处，呈长方形，内城南北长 338 米，东西宽 320 米，在目前宁夏乃至河套地区发现的秦汉古城遗址中规模、出土文物丰富度都名列前茅。相较于早年间学者研究重心多集中于都城长安、洛阳，现在地方郡县的历史意义已受到越来越多的关注。

张家场古城迟迟不肯取下神秘面纱，它究竟对应历史上的哪一座城市，又是为何突然消失的，仍有待进一步考古发掘与研究。在下定论之前，当地村民、不同领域的专家学者、历史的"侦探"们，各有各的推理和观点。

风沙起，古城现

2021 年，盐池县政府与北京大学考古文博学院、宁夏文物考古研究所合作，在张家场设立考古科研实习基地与工作站，首次对古城进行发掘。整个项目预计将持续 10—15 年，包括对古城遗址及周围墓葬的考古调查、勘探、测绘、考古发掘、资料整理与出版工作。据宁夏文物考古研究所副研究员、考古发掘领队马晓玲介绍，考古团队于 2021 年对古城中心区约 1500 平方米的区域进行发掘，确认为汉代大型建筑遗存，2022—2023 年对城东约 500 平方米的区域进行发掘，初步揭露了古城东门的结构。

两千年的风霜雪雨，古城就在那里。城墙塌毁后被流沙掩埋，隆起的沙梁至今清晰可见，步入遗址区，地上满是散落的陶片与砖瓦。张家场得名于本地张氏家族在清末民初创办的买卖场，古城东南约 500 米外便是张记场自然村——当地地名中的"家"和

→ 张家场遗址挖掘现场。

张家场博物馆和张家场古城遗址

张家场古城遗址上遍布陶片。

"记"往往是可以互换的。张家场张姓源自清末，张氏祖先张英来到此地，从蒙古贵族手中租地耕种，创办买卖场，并成立商号"复顺张"，利用驼队往内蒙古地区运销食盐、皮毛、粮食等。当地人称古城为"城城地"，本地盛产西瓜，村民说从前"城城地"里一亩西瓜的产量能抵城外两亩，原因可能类似宁夏中卫特产"压砂瓜"——所谓压砂，即在沙地上压石块，减少蒸发，避免水分流失，而古城遍布的陶片、瓦片可能正起到了"压砂"的作用。不过，这样的地形，犁的损耗就特别快了。

一场风沙或大雨后，古铜钱、瓦当就会露出地表。据估计，自 20 世纪 80 年代以来，古城内外被村民耕作挖出、捡走的牛、羊、马等牲畜骨骼有数万斤，古钱币数千斤，铜印章数百枚。骨头可用作肥料，铜钱、印章、箭镞等则可以换钱。1955、1960、1979 年，古城东部曾三次发现大量汉代铜钱，分别达 200、400、78 斤。据村民回忆，20 世纪 80 年代时，有时一下午可以捡到 3 斤重的铜钱。这些数据反映出张家场古城曾是一座畜牧业发达、商品交易繁盛的中心城市，同时也说明古城原先蕴藏物品之丰厚。

1934 年夏天，连续的暴雨使古城南面多处地面塌陷，塌陷处发现了 8 座汉代墓葬，宁夏文物考古研究所与盐池县文体科对其进行了抢救性清理。以此为契机，张家场古城开始受到政府与研究者的重视，后成为国家级文物保护单位。声名大噪的副作用是越来越多文物贩子到村子里收购古物，古城周围 10 平方千米范围内约两千座墓葬频繁遭到盗掘。新华社曾报道，张记场村村民张贵自 20 世纪 90 年代起作为文物管理员巡查古城周边墓区，数十年如一日，每日巡查路线长达十余千米，遏制了盗墓现象。2013 年，国家文物局批准张家场城址保护规划立项，两年后张家场博物馆建成并向公众开放。

以常理推测，暴露在外的张家场古城不应至清末才被发现。古城南距二道边仅 1.5 千米，应在明代戍边将士的活动区域内，可惜没有留下确凿记录。据张记场村村民口耳相传，1926 年先祖张瑞麟（张英之子）于头道边烽火台木壁抄得明人边塞诗一首，此事人证、物证俱无，不能视作有效证据，但事件背景却符合情理。诗文提到"塞外龟兹城湖盐，秦砖汉瓦依旧在"，随着一些刻有"龟兹"字样的封泥在张家场被发现，汉人、明人、今人被历史与命运连系到了一起。

身世之谜：昫衍抑或龟兹？

当你参观张家场博物馆时，会发现解说词将古城认定为秦汉昫衍县治，这是目前学界的主流观点，也是继承自历代地理志书的合理推断。《明史·地理志》称宁夏后卫为"汉昫衍县"（"昫""朐"相通），《大清一统志》记"朐衍废县"在花马池境，宁夏后卫、花马池即今盐池县的前身。再往前追溯，最早记述盐池与昫衍关系的史料出自唐代地理书《括地志》，书中称"盐州，古戎狄居之，即朐衍戎之地，秦属北地郡"，今天盐池县的大部分地区在唐代隶属盐州。张家场古城被重新发现时，研究者基于史书中对盐池历史沿革的叙述，顺理成章地将其

张家场古城遗址出土封泥。

与秦汉昫衍县联系起来。

昫衍假说在近二十年受到越来越多的挑战。1993年，村民张扬在古城中拾得"龟兹丞印""龟兹令印"封泥，此后其他村民亦陆续获得带有"龟兹"字样封泥数十。所谓封泥，即秦汉时期以泥封书、加盖印章以防私拆的信验物。但封泥只代表文书的发出机构，并不直接意味着本地即龟兹，古城内还发现了带有承烈、肤施、上郡等地名的封泥。龟兹封泥如今在宁夏长城博物馆展出，然其并非科学考古所得，因此和边塞诗传说一样不能视作"呈堂证供"。盐池一中退休教师陈永忠是最早提出张家场古城即昫衍县的研究者之一，也是他较早注意到了龟兹封泥，并在之后的一余年间多次撰文更正自己最初的观点。

这里的"龟兹"指的并不是位于今天新疆中西部的丝路古国，而是汉代上郡属国都尉治龟兹县。《汉书·地理志》记载上郡属县"龟兹，属国都尉治。有盐官"。唐代学者颜师古注释说，龟兹国人降附汉朝后被安置于此，因此移用"龟兹"国号作为新的县级行政设置。《后汉书·西羌传》称"又有龟兹盐池，以为民利"，配合当地"有盐官"的记载，正与张家场古城比邻北大池的地理形势相契合。张家场古城应该是汉代重要的官盐产区，附近汉墓中还发现有在棺上撒盐的特殊葬俗。

2019年，复旦大学历史系马孟龙先生撰文进一步论证张家场古城为汉龟兹县，文章特别指出了昫衍假说的种种疑点。昫衍为西戎名，是战国时臣属秦国的西戎八国之一，其他七国位置大体可确定在秦国势力范围北缘、秦昭襄王长城以南，张家场古城与此二条件皆不符合。更关键的是，出土汉简证明昫衍县是汉初中央直辖县邑，而在汉武帝北伐匈奴以前，汉朝已经失去了对秦昭襄王长城以北地带的控制。这些证据一定程度上动摇了盐池为秦汉昫衍县治的固有认知。

不过，龟兹假说本身也不圆满。有关龟兹城最权威的记载来自北魏地理书《水经注》，书中记载龟兹县有交兰水、帝原水，分别对应今天的海流图河、榆溪河，两河均发源于内蒙古乌审旗东部的毛乌素沙地南缘，虽然古今自然环境变化极大，但距离张家场着实不近。以目前古城及周边汉墓的考古发掘情况看，并未发现明显的西域元素，或其他可以支持昫衍、龟兹两假说的决定性证据。将来发现它是一座史书失载的秦汉古城也未可知——那将会是一个轰动性新闻。无论如何，张家场古城的考古研究将会极大地改变我们对古代盐池乃至秦汉帝国西北边疆的认识。

消失的古城：水与火的迷团

从张家场古城发现的钱币、器物来看，古城的历史似乎在汉代戛然而止。城市废弃后避免了被后世遗存叠压、破坏，使古城保存得更加完整。然而，古城消失的原因至今仍然成谜。

我们可以从政治环境与生存环境两个角度推测。一种观点认为古城因焚毁而废——最近揭露的古城东门遗迹上部发现疑似火烧的痕迹。据北大考古发现，东门遗址土层上部是黑色的建筑遗迹，中间有一道非常干净的沙层，再往下又是墙体与道路遗迹。这也就意味着，在大火导致弃城之前，还曾发生过一次短暂的弃城，最后的张家场古城东门实际是在原先城门的基础上修补建造的。

这次短暂的弃城令人浮想联翩。前文说到秦汉之际中原王朝曾一度失去对张家场古城的控制，城中百姓内徙关内或被匈奴掳去塞外都是有可能的。如果古城为"龟兹"，那么《汉书》中关于"汉元帝时上郡（龟兹）属国降胡万余人亡入匈奴"的记载便可与之印证。

火灾假说引发了更多疑问：城中百姓为什么没有在废墟上重建家园？他们有没有在古城附近另建新城，抑或他们选择迁回长城以南的农耕区？这些问题现在还很难回答。

本文写作期间，正遇上中国科学院环境考古方向的专家在古城调查，刘德成副研究员向我们提供了古城消失之谜的环境学假说——古城废弃时可能已不宜居住生活。人类生存，水资源是关键，古城用水主要依靠打井抽取地下水。通过对古城的古水文模拟可以发现，农耕生产方式以及城市人口规模增大导致用水量骤增，使得本就处于洼地的古城地下形成"地下水漏斗"，即由于超量开采，使开采集中地区地下水位下降，引来远处盐湖咸水倒灌，导致水质变差，形成咸水井、苦水井，无法饮用。地下水位浅，开垦也可能引发土壤盐渍化，令盐分在表层土壤中累积。在刘德成看来，古城生存环境的恶化过程中，人类活动带来的影响远大于气候变化导致的自然环境变迁。

随着张家场古城及周边墓区考古发掘的深入，种种谜团终会得到解答。届时，我们将对秦汉时期中央地方关系、农牧文化交流、国家资源（盐）管理等方面问题形成更深刻的认识。学术意义之外，张家场古城对当地人来说也具有特殊的现实意义：无论是张记场村民还是盐池县民众，他们都几无可能是朐衍戎抑或龟兹人的直接后裔，对古城历史的讨论实际是出于对脚下土地的执着与热爱、对过去生活在这片土地上的人们的同情与理解，古城俨然成为承载着秦汉、明清乃至今时今日人们各种生命轨迹的"记忆之场"。

古城消失之谜所反映的人地关系、环境变迁又与当下人们生活中面临的种种现实问题相互呼应，成为历史的镜鉴。历史的尘烟虽然早已远去，古城和人的故事却依旧保持在进行时。

张家场遗址考古工具。

风与日光里的灵盐往事

撰文
王砚

摄影
冯大伟 等

盐池是咸的。

自置县以来，它几易其名：盐州、盐川郡、花马池、盐池县……始终都与"盐"有关。名字中的盐，来自曾经围绕城周的那大大小小数十个天然盐池。这里自古盛产"咸盐、皮毛、甜甘草"，朴素的盐位列其首，为这个西北小城本就厚重的历史底蕴增添了更加浓烈的韵味。

盐是盐池人烹制羊汤、腌制咸菜不可或缺的调味品，是骡马行走于盐道，往来千里的商贸物资，亦是历史上各方势力争夺的重要资源。尽管如今盐池已经从盐的原产地变成了购入地，但盐的痕迹终究还是永久地刻进了小城的肌理。

惠安堡盐池变迁史

五月，西北的阳光已经炽烈如盛夏了，盐池县惠安堡镇西边两千米左右的一处盐湖泛着银光，大风啸叫着掠过浅浅的水面。一格格的盐湖和周围沼泽浑然一体，路面松软，时时担心双脚没入泥中。这里没有植物生长，没有行人车辆，甚至连飞鸟和昆虫也罕有踪迹，如果不是远处风力发电机巨大的叶片在转动，会让人恍惚身处空寂的远古洪荒之地。

六十多岁的老盐工张孝弯着腰察看池中状况，池面已经漂起了一层薄薄的盐花。他用手指捻了捻盐水，估摸着盐的咸度。

"这能摸出来？"我疑惑地问。

"能，越粘稠就说明浓度越高。"这是他半生辛苦打盐换来的经验。他所采用的取盐法名为"种盐"，需先垦地为畦，再引卤水入畦浇灌，经日晒后形成盐晶，远望如农民种地一般。每年五月到九月，气温逐渐升高，就到了打盐时节。人们先汲上淡水，注入盐池，再加入池旁盐壕中经年汇集的雨水和淡水进行勾兑，比例多少，完全依赖经验。灌好水的盐池经过风吹日晒，几天后水面上就会泛起微小明亮的颗粒，俗称"盐花"。这时再把少量的成品盐撒入池中，如同撒种一般，当夏季的南风把盐花吹入水底，与撒入的盐种结合，结晶成的颗粒叫作"续盐"。以后每隔一天往池中续入淡水和盐水，就会不断地有盐生成。当盐越积越多，就可以扒堆成一茬成品盐了。如此打

惠安堡盐池分布总体像一弯月，分为南、北、中三池，环绕在惠安堡镇一侧。5月中旬，由于拍摄前一周雨水充沛，盐池出盐量不一，盐结晶星星点点地分布在盐池里。

捞过后再续水，再种盐，周而复始。《嘉靖宁夏新志》中描述更为简单："其盐不劳人力，水泽之中雨少，因风则自然而生矣。"然而辛苦之处在于，盐池面积极大，过去全赖人力提水，一担担注入盐池，再一担担将结晶盐挑到晾晒场，经常从凌晨四五点一直干到正午。一担盐近 200 斤，所有盐工的肩头都是一层厚厚的老茧。夏天烈日当头，池水温度也高，盐工赤脚下田，双脚常被结晶盐扎伤，刺得生疼。"但是扎伤了并不会发炎，盐水本身就有消毒功能，没两天就好了。"张孝很满意盐的疗效，对自己年轻时吃的苦不以为意。20 世纪 80 年代，他和另外两个盐工承包了一块盐池，一个月能挣一千多块钱；到 20 世纪 90 年代，盐价上涨，挣的钱跟着翻倍。靠着盐池，孩子们念完了书，家里也添置了自行车、电视机。

"这块盐田出的盐是真好哇。"他认真地说，"最后结成的盐是灰色的，也叫青盐，指甲盖大小，方方正正，像机器磨出来似的。家里有人肚子痛，我们就给他喝这种炎盐水，能治好。"这种盐颗粒大，含天然芒硝（硫酸钠）和镁元素较多，有一定的消炎功效，当地人常用来腌制酱菜。

也有些怀念过去盐池热火朝天的场景，特别是盐场成立之初，大家特别有干劲，盐池拾掇得十分规整，一畦畦界线分明，盐井也维护得特别小心。如果天气好，一周内就可凝结成盐；最怕的是夏季大雨，盐井暴涨，井水浓度降低后不能使用，精心垒造的盐坝子也被冲塌，无法准时出盐；天旱时，盐池缺水，同样不能产盐。

惠安堡的盐池由南、北、中三个咸水湖相连而成，南北长约 5 千米，东西宽约 4 千米，总面积约 20 平方千米。它见诸史册始于汉代，《汉书·地理志》记载："三水（县），属国都尉治，有盐官。"三水县治所在今宁夏同心县下马关镇北红城水古城，郦道元在其《水经注》中提到三水县"县东有温泉，泉东有盐池"。有人考证认为，今盐池县惠安堡镇西偏北的"三泉"就是西汉时的盐池，且直到郦道元所处的北魏时代依旧完好，到清代时，惠安堡西北侧的盐池仍是南、北、中三池。

惠安堡盐池又叫"花马小池"，这是为了和"花马池"加以区别，这里所产的盐亦被称为"小池盐"。花马池是另一面更大的盐湖，位于今盐池县和陕西定边交界处，其附近便是花马池城，这座边关之城孤悬长城之外，极是动荡不安。明朝天顺元年（1457年），朝廷将它迁至长城之内，仍叫花马池城，即今盐池县。如此一来，两个同名的盐池就以大小相区别了。

宁夏地区在唐朝是全国极为重要的产盐区，今盐池县东部属盐州，西部属灵州。据《新唐书》记载，当时全国共有盐池 18 处，灵、盐两州就占 11 处。宋代，盐州境内乌池所产盐，其盐色泛青，人称青盐，产量最

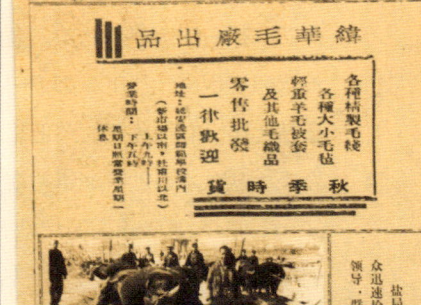

1：八路军三五九旅垦盐时所住的窑洞。

2：陕甘宁边区的大生产运动。

3：陕甘宁边区的运盐队。

4：陕甘宁边区时期的晒盐场景。

5：《解放日报》的产盐报道。

6：三五九旅战士。

7：1942年，三五九旅四支队在盐池
　　生产原盐的场景。

供图／盐池县博物馆

三五九旅打盐忙

毛主席曾说：“定、盐是边区的经济中心。”这里说的“定”是指陕西定边，“盐”是指宁夏盐池。

在革命时期，盐是非常重要的战略物资，盛产盐的盐池县则为边区经济做出了重大贡献。1936年6月解放后，盐池县因产盐成为边区“聚宝盆”，盐业发展迅猛；1936年10月，毛泽民在盐池县成立了盐池税务局；1937年，陕甘宁边区更是发出了“大家到盐池驮盐去”的通知。

尤其是1941年开展大生产运动后，盐池掀起打盐高潮。八路军三五九旅四支队2000余人来到盐池、定边，与当地民众一起打盐。当年，军民共修筑盐田1094亩。

据不完全统计，从1938年到1943年，从盐池运出的食盐约有1236.3万驮，合12.5亿公斤左右。盐池所产池盐除了满足边区需求，还为边区换来了急需的各类物资。

高；其次为白池，其盐呈白色，人称白盐。青白盐绝大多数销往陕北、关中、陇东一带，然后换回粮食。后来，盐州被西夏攻下，食盐产量仍然每年超过20万石。

明清两代，是惠安堡盐池最为昌盛的时期。明代中央政府以西北地区的盐税作为西北地区军事费用的主要支柱，比如购买军马、发军饷、修筑长城等等，所以不论朝廷还是地方，对于盐业生产都极为重视。清代同治年间，西北战事频发，惠安堡地处交通要塞，饱受战争冲击，盐业生产一度陷于停顿。民国初年，惠安堡的盐民约有六七十户，经营者都为汉民。他们世代以打盐为生，兼营农业，生计倒也不愁。惠安堡盐池的名声，此时也渐渐取代了花马小池的称谓。

新中国成立后，惠安堡盐务支局诞生。此后又将花马大池、烂泥池、莲花池等几个盐池交给定边县管辖，从此盐池县只剩下了惠安堡一处盐池。1956年以后，惠安堡盐池归当地集体开采。张孝的打盐生涯从

盐工张孝在耙盐。

惠安堡盐池出的盐颗粒粗大，"很有盐味"。现在这里的盐主要销给牛羊养殖户，作为牛羊的食盐补给。

20世纪70、80年代开始，先后经历了盐场的鼎盛、变革、没落。随着采盐技术不断进步，加上碘盐的推广普及，盐池人也逐渐吃不到本地的盐了，取而代之的是产自内蒙古自治区和陕西省的盐。

只有日光和大风中的盐池不问世事，不问索取，仍旧兀自蒸发、结晶。张孝也舍不得放下老活计，每到时令，这片再也不会热闹喧腾的盐池，只有他孤独的身影在天地间忙碌。

盐池商路

如果来到惠安堡，最惹眼的当属小镇上餐厅的招牌。几乎每家餐厅门前都停满了前来用餐的私家车，既有宁夏各市县的，也不乏甘肃、陕西等外省车辆。他们都是冲着惠安堡的爆炒羊羔肉来的。除了羊羔肉，爆炒牛蹄筋、羊杂碎也颇有口碑。

靠口碑树立江湖地位的小吃，往往诞生在交通枢纽地区，惠安堡就是这样一处自古有名的"旱码头"。老人们的印象中，过去运煤的、贩羊的、拉盐的……都从这儿来来往往，镇上的餐馆、旅店也跟着红火起来了。211国道纵贯其南北，338国道横穿东西……这里可谓四通八达，向西北，可至吴忠、灵武、银川等宁夏各地；向东北，近至盐城县城，远到内蒙古鄂托克前旗；向东至

陕西定边、榆林、延安；向东南是甘肃环县、庆阳；西南方向则是宁夏固原，甘肃平凉、定西、兰州等地。

惠安堡所产的盐多数要运到关中、汉中盆地销售，因而盐路中以南路最长、最为重要。这条路在古时会经甘肃环县、庆阳、宁县及陕西彬县至长安，行程千余里。它是秦始皇统一全国后修建的一条驰道[1]，也是长安通往宁夏平原最早的古道。今天的211国道几乎与两千年前的这条路走向一致，只是路上不再有亭驿和屯兵设防之所。

南路上最重要的关卡便是税卡。盐税是历代王朝的主要财政收入之一，偷漏盐税者会遭受严厉的惩戒。南路税卡设在今日惠安堡以南33千米的萌城村，这里地势险要，位于陕甘宁三省交界处，除了南面人烟稠密，东西方向和北部都是峻岭和无人区。明朝时，这里还设置了驿站和递运所，数百名军丁在此服役，设施讲究，加之城内驻军，可谓繁忙兴旺。但到了清末，国力日渐衰微，萌城堡也一同沉寂下去。民国时期的文人王海帆在《萌城道中》一诗写道："白草黄沙没汉关，战场千载几人还？防边自是前朝事，今日凭窗看远山。"彼时的萌城堡已成荒城。

明代时，盐池属于边防前线，食盐的运销政策往往与边关的防御措施密切相关。在冷兵器时代，衡量一个国家的军事能力，骑兵数量是一项重要指标。历史上很多王朝兢兢业业养马、买马，就是为了获得军事优

---

1. 古代联系都城和主要城市的供车辆通行的道路。

苟池盐场。摄影 / 李平安

势。明正统三年（1438年），由于宁夏、延绥两镇军马不足，于是朝廷决定实行"纳马中盐"政策：凡交上等马一匹，发盐引100张；交中等马一匹，发盐引80张；交下等马一匹，发盐引50张。盐引即食盐运销许可凭证，每张盐引可领盐数百斤。此外，还要向采盐工支付工钱。就这样，马匹与盐关联在了一起，一时之间，惠安堡的盐路上，交马的、买盐的会集一处，一匹匹骏马代替了盐车。

纳马中盐政策让财力雄厚的盐商大获其利，中小盐贩无法自由买马换盐，于是弘治九年（1496年）又改成"收银给军，自行买马"。每交税银15两，可换盐引100道，银钱交边军自行买马。纳马中盐推行百年之后，边关军马充足，这一政策才逐渐取消。据说，"花马池"的名字，也是由以盐"换马"的谐音而来。

盐的战争

盐是重要的国家战略资源，被历代统治者视为关乎社稷民生的国之大宝。群雄争霸时，得盐者得天下，谁控制了盐，谁就掌握了财富和权力。因此历史上因盐而起的战争不计其数，有时是兵戎相见，有时则是没有硝烟的贸易战。

党项族建立起来的西夏就曾经倚仗盐业与大宋王朝抗衡。西夏崛起于贺兰山、祁连山麓及河西走廊一带，在10—13世纪是西北方的大国。它地处内陆，拥有丰富的盐资源，其中就包括著名的乌池与白池，其生产

的青白盐质地精细，除供应本地食用外，大部分出口到邻国，是西夏财政的支柱。但宋朝盐法极严，盐是国家垄断的商品，当时陕西、四川都行销山西解池的池盐，解盐的收入是陕西等地财政的重要来源，而与之紧邻的西夏地区"青盐价贱而味甘"，解盐无法与之竞争，所以宋朝不愿进口青盐。于是，盐的矛盾几乎贯穿夏宋关系的始终，不仅反映在经济领域，也反映到军事和外交等各个方面。

在西夏尚未建立之时，盐州被西夏的奠基者李继迁攻占后，北宋的名臣、时任陕西路转运使的郑文宝力主北宋对西夏进行经济封锁，禁止青白盐输入陕西销售，他在奏章中说："银、夏之北，千里不毛，但以贩青白盐为命尔。请禁之以困戎人，继迁可不战而屈。"宋太宗赵炅认为此法甚好，于是下诏严禁西夏盐入境，如有私贩偷运，一律处死。

在禁止青白盐贩易数月以后，西夏一方果然举步维艰。但宋朝始料不及的事情发生了：原来依靠贩卖青盐而维持生活的边民，本来保持中立立场，甚至倾向于宋朝一方，结果因为宋朝禁盐，他们无以为生，干脆投靠李继迁一方。甚至发展到李继迁与宋朝争夺灵州之地时，因为宋朝禁盐等各种原因，周边势力也开始陆续投靠李继迁一方，最后灵州陷入孤立无援的境地。到了咸平五年（1002年），盐州彻底落入李继迁之手。取舍利害，北宋朝廷只得取消禁令，边境这才安定下来。

1045年，宋朝在军事上连续惨败后，不得不与西夏议和。此时李元昊在谈判中提

出，要求每年往宋境销售10万石青白盐。但宋廷不允，反而重新启动禁盐令，下令关陇地区11个州的军民只准食用山西解盐。这一来，价廉物美的青白盐买不到，市面上只有路远价高的解盐，百姓怨声载道。惠安盐路上不见了官盐的运输队，私贩青白盐的盐贩却越来越多。朝廷只能从国库拿钱来补贴盐商，以降低盐价，但由此也导致了亏空。禁令最后名存实亡，而西夏之盐仍从各个渠道流入宋境。

西夏与大宋关系缓和时，盐禁令会适当放开；一旦关系紧张，又限制，这种状况一直维持到西夏灭亡。盐池古城的建筑格局，同样也呈现出这种封闭又开放的结构。城外，四道长城绵延合围，残存的雉堞仍让人感受到来自戍边卫队的威严。而城墙下的座座小门又成为商旅频繁往来的通道。在盐战的狼烟与笙歌更迭中，不间断的民间商贸最终融合了长城内外两种文明。

一座因盐而生的城，本身就是盐文化的结晶。盐的时代，曾经塑造了盐池最为波澜壮阔的黄金时期，如今却也逐渐落下帷幕。真正留下的，除了沧桑盐湖和古道，更多的是开放、包容与乐观的精神，这才是一座小城生生不息的"盐"之源。

"大地诗人"李季：
盐池风情里的《王贵与李香香》

撰文
段战江

供图
盐池县革命纪念馆 等

盐池是一片激荡着人民诗歌的艺术海洋，也是孕育着艺术传奇的革命热土。

1945 年，年仅 23 岁的诗人李季在盐池工作期间写就了长篇叙事诗《王贵与李香香》。这部以信天游民间调式写就的现代诗歌，充满独特的盐池风情和时代革命文学印迹。

《王贵与李香香》是诗歌领域实践"文艺为工农兵服务"方针的杰作，也是解放区文学创作中长篇叙事诗的高峰，有"民族史诗"的美誉，其先后被改编成各种舞台剧，被翻译成 15 种外文版本，在全国乃至全世界广泛传播，如今依然是大学里中国现代文学课的重点篇目。

作家魏巍这样评价李季："一曲信天游，千年留异香。"事实上，李季留下的上千首诗无不散发着泥土的芬芳，因为这些作品都根植于他钟情一生的大地之中。

盐池这片红色热土孕育的无数灵动、有趣的民间诗魂感染着、培育着、启发着青年诗人李季，帮助他登上诗歌的创作高峰；反过来也正是李季极具创新性和艺术性的伟大诗作，升华了盐池的地域精神和文化气质，使得盐池这片红色的沃土平添了一些时代的温柔，多出几分浪漫的诗意。

革命的洗礼，民间的开悟

1945 年 9 月，李季收到调任盐池县政府政务秘书的调令，即将离开定边，奔赴新的工作岗位。

这一年，23 岁的李季精力旺盛，自然不想枯坐办公桌前，他在日记和诗歌中写道，愿意当三边的"一撮沙土，一根甘草"，自在享受塞外天高云淡之美，也愿意走遍三边的盐湖沟壑、沙窝草原，细细聆听黄土道上赶驴老汉的嘹亮歌声，默默记下长城脚下劳作婆姨的俏皮小调。

三边这片热土的美妙"只向爱它的人展示"。面对这片土地，李季总有抑不住的情感，总想和老百姓一样，吼几句信天游的调子："千里的黄河连山川，好地方还数咱老'三边'。亲不过爹娘一片心，'三边'是咱的命根根。"

从定边到盐池，不过三四十千米的路

《王贵与李香香》剧照，这是宁夏演艺集团秦腔剧院创排的一部大型秦腔现代剧。摄影／王鹏

程。李季简单收拾了行李：一条白羊毛毡、一床薄土布被，以及几本图书、几个用粗糙的马兰纸缝订的笔记本。临行前，他的朋友陈书亮（"延安鲁艺[1]"的美术教员，当时正带着学生在定边深入生活）特地为他写了一首送行诗《定边留别》："风急天高月似钩，归装草草马啾啾。十年抱璞轻生死，午夜磨刀问斗牛。浊酒一杯燕市曲，黄沙万里玉关秋。相期珍重如橼笔，横扫中原写自由。"告别朋友，背起行囊，李季便动身前往盐池报到。

李季出生于河南南阳，原名李振鹏，是家里老幺，从小倍受宠爱。李季从小就喜欢读书，酷爱文学。15岁因日寇飞机轰炸，学校停办而被迫辍学；16岁为追求进步，孤身一人前往延安，成为中国人民抗日军事政治大学（简称"抗大"）一员，并在同年入党；20岁时，以"前方鲁艺[2]"学员身份跟随八路军总部转移，左权将军被敌人炮弹击中时，他就在不远处，亲眼目睹了将军壮烈牺牲，以及将军随身携带的《鲁迅全集》被炮弹炸得满天飘飞的悲壮场景。

---

1. 鲁迅艺术学院，1938年成立于陕西省延安市。
2. 晋东南鲁迅艺术学校，1940年1月成立于山西省武乡县。

　　21岁时，李季想去报考"延安鲁艺"，但由于只看过《说唐》《水浒传》《忠烈小五义传》，不能与那些大城市里看过《包法利夫人》《安娜·卡列尼娜》的知识青年相比，被校方以"文化水平偏低，达不到入学水准"而拒绝录取。后来便去三边当小学教员，李季苦中作乐，在乡间采风看戏，了解了很多民间艺术。

　　1944年，22岁的李季在屡屡碰壁的通讯创作中，终于有了大的突破，连续三篇通讯《深井村的识字组》《李兰英怎么教娃娃识字》《盐池二区五乡文教工作活跃》（巧合的是这三篇报道都和盐池有关）接连发表，自学成才的李季俨然成为一个"出口成章，提笔成文"的作家了。

　　在当时书籍奇缺的条件下，李季一直千方百计地寻找机会，汲取中外文艺的知识精华。他的背包里经常装着屠格涅夫的《贵族之家》和《猎人日记》，一有空就拿出来研读；同时对于找来的《唐诗三百首》《白香词谱》《水浒传》等传统典籍也视若珍宝，常常情不自禁地大声朗诵。对于他的书痴行为，同事们用信天游调夸他："灯瓜瓜点灯半炕炕明，李季读书经常到五更。"

　　也是在这两年多的文学自修和下乡调研中，李季的文艺审美有了很大变化，以往他不喜欢简单、粗糙的信天游，在用心聆听和体验后，却感觉别有一番韵味。譬如老百姓描述孤独，会用"东山上点灯西山上明，三十里平川瞭不见个人"的夸张说法；提腥农民注重农耕时节，会用"七月犁田一碗油，八月犁田半碗油，九月犁田啃骨头"的俏皮比喻，显得特别生动有趣，远比阳春白雪的文章有生命力。

还有两个亲身经历让李季记忆深刻。有一次，他因口渴去老乡家讨碗水喝，不料婆姨张口就来了一句即兴的小曲："山丹丹花来背洼洼开，孩子他舅你从哪里来？"还有一次，他听到一位边区干部随口唱道"山丹丹花来背洼洼开，有那个心思（你）慢慢地来"时，情不自禁连拍大腿说道："真是深山出俊鸟呀！"

经过这些艺术熏陶，李季反思自己以往在文学趣味上所谓"小资产阶级的那种自大狂，是丝毫根据也没有的"，并坦然承认，"人民，劳动人民是有无可限量的艺术创作才能的"。从此，因三边人民即兴吟唱的歌声而开了窍的李季，开始有意识地收集民歌，并向人民群众学习。在收集民歌的过程中，《王贵与李香香》的长篇叙事诗也渐渐有了构思。

盐池的风情，人民的歌声

这一次去盐池工作，对李季而言也是很好的采风机会。当他走在定边到盐池的官道上，跟着赶毛驴的脚夫们，在叮咚作响的悦耳铜铃伴奏中，一边欣赏路边绵延不绝的明代长城遗迹，一边聆听突然飘到耳边的信天游："黄黄的地，蓝蓝的天，白盐出在盐池县，赶上毛驴（哎嗨哟）去拉盐。"颇有一种"人在画中游"的诗意来。

当他穿过沙海又入草滩，随着风景陡然变换，李季一边感叹大自然的神奇，一边禁不住诗性大发，顺着信天游的曲调，随口也来上几句："下了沙海进草滩，一片绿海望不到边。草滩滩骆驼成对对，对对骆驼对对船。"

而后只要有机会，李季都会一头扎进群众中间，跟老百姓同喜怒，共哀乐。他或是靠在戏台前，听台上帝王将相高亢悠扬的秦腔；或是蹲守长城边，听后生、老汉潇洒的信天游歌唱；或是静躲芦苇里，听姑娘、婆姨思念的缠绵小调；或是隐身沙柳旁，听欢喜冤家俏皮的情人对歌。还有商路盐道脚夫清新刚健的小调、田间地头老百姓粗犷风趣的谈笑、高土岭放羊倌千回百转的山曲、学校部队士兵们铿锵有力的战歌……李季时时刻刻都在用心记录着他所发现的新民歌，前前后后收集整理了3000多首。

来到盐池县担任政务秘书的李季，白天从事着繁琐的行政事务，或是组织经济生产，或是安排盐粮运输，或是创办学校，或是处理民事诉讼……晚上则抓紧时间，或是阅读心爱的图书，或是整理收集的民歌，或是构思自己的创作，或是总结学习的心得……一样忙得不可开交。

县里给他安排的住处是一间约5平方米的简陋小屋，除了一张靠墙的土炕、一盏油灯、一张木桌外别无长物。李季倒是乐观，他在墙上贴了一句鲁迅先生的话：生活太安逸了，工作就会被生活所累。

因为小小年纪就四处奔波，又经历过特别艰苦的战争岁月，李季对于物质的要求从来就不高。他带的那床被子还是学生时期的旧物，对于已经成人的他而言太过窄短，每

盐池县农民王有（左一）是当地有名的民歌创作者，李季（右二）在盐池期间，听他唱过很多民歌，并深受启发创作了《王贵与李香香》。1964 年，李季回三边时专程到盐池看望老友，图为李季与王有等老朋友聚会畅谈的场景。

次睡觉总是盖不住脚，只有用绳子将被子下部扎住，才勉强能够保暖。县里特意给他发了一床呢子被面和一块白布里子，让他做床新被子，可他舍不得，新面料就一直存放在文件柜里。

生活上的清苦，李季一直不以为意，但在民歌的收集上，他却很贪婪，愿意花时间和精力去整理钻研。在盐池，李季认识了一位叫王有的农民诗人，两人结下了深厚的友谊，这段友情为他后来创作《王贵与李香香》提供了很多素材。

王有是盐池县花马池镇四墩子村人，15 岁时开始放羊，认字不多，但记忆力超强，喜欢听书看戏，无论是皮影、秧歌，还是秦腔、道情[1]，他凡是听过一遍，基本都能牢牢记下。

---

1. 一种戏曲剧种，原为道士抒情布道时所唱。

20世纪40年代，陕甘宁边区文艺创作蓬勃发展，各类演出活动丰富多彩。秧歌剧《"二流子"转变》（左上图）；边区剧社演出《放下你的鞭子》（左中图）；延安民众剧团演出马健翎创作的秦腔剧《血泪仇》（左下图）"鲁艺"王大化、李波演出的《兄妹开荒》（右图）。

王有最具天才性的一面，就是能在听过的如"信天游""打宁夏调"等旧曲上，填上自己创编的新词，进行二次创作。他甚至还能自己制作乐器，创造性地用葫芦头和羊羔皮来制作二胡，在自己吟唱时用来伴奏。他能根据自己的亲身经历或听闻的民情时政，将其随手改编成故事传唱。当时，他编唱的《父子揽工》《放羊苦》《寡妇断根》，以及红色民歌《红军打屈县长》《劳动英雄王科》等，在三边地区都非常有名，传唱甚广。

李季借工作之便，认识了这位非常有才华的农民诗人，两人交谈甚欢，并成为一生的挚友。李季从王有的民歌创作中深受启发，他意识到灵活多变的民歌包容性和表现力都很强，不仅能够表达美好的情感，也能够陈述丰富的故事；不仅能够讲清革命的道理，也能够说明生活的意义；可以讽刺敌人的愚蠢，也可以夸赞群众的智慧；可以描述现实的生活，也可以讴歌光明的未来……总而言之，民歌是文艺中受众最广的宣传载体，也是传播效果最好的文化武器。

同时，李季脑子里储藏的文学知识，无论传统的、现代的、中国的、西方的，都在这段时间融会贯通。像屠格涅夫《猎人日记》描述俄罗斯国土的壮美一样，他自信可以借用民歌的形式，描述三边风光的独特之美，也可以像屠格涅夫《贵族之家》描述人性和爱情那样，同样以民歌的形式，生动刻画地主阶层的贪与恶，精细描述劳动人民的美与爱。年轻无畏的李季准备尝试一种将鲜明的时代色彩、深厚的革命内涵和质朴的民歌形式融为一体的现代诗的创新写法，即将新诗

"民歌化、民族化、革命化和大众化"的"四化合一"新技法。

激情的创作，永远的故乡

浸泡在民歌海洋里的李季，在盐池这个充满神奇造化的地方，经一位农民诗人点拨，突然茅塞顿开，他一直苦苦追寻的文艺风格和创作路径一下子清晰起来。他酝酿三年的长篇革命叙事诗《王贵与李香香》，其内容构思、文体结构、叙事节奏、表达技巧、艺术调性等一下都立体丰满起来，许多生动的词句已经挤满了李季的脑海。

颇有意思的是：诗里女主角的名字也是在盐池县汲取的灵感。当时为了给女主角起个中意的名字，李季罗列了近一百个农村女娃常用的名字，但都不太满意。直到有一次，县政府的通讯员频繁地找他问字，说是给乡下的对象写信，李季顺口问他对象的名字叫什么，通讯员红着脸说叫香香。李季马上就被这个通俗又美丽的名字击中了，遂愉快地决定诗里的女主人公就叫"香香"。

激情四溢的李季决定马上写作。1945年11月，来到盐池不到3个月，仿佛开了文学"天眼"的李季披着一件老羊皮袄，开始信马由缰，奋笔疾书，或在县城的小屋里，或在四墩子村的王有家，浑然不惧冬天的寒冷，甚至故意不给炉子添煤，好在半夜冻醒后能够继续写作。李季仅用了一个多月的时间，就洋洋洒洒写下三部十三章、共7000余字的长篇叙事诗《太阳会从西边出

来吗？——三边民间革命历史故事》。

这篇采用信天游形式创作的长篇叙事诗，语言朴素生动，韵律灵活多变，采用大量经过提炼的陕北农民口语，既通俗有趣，又浅显易懂。比如，描述女主角漂亮，就写"山丹丹开花红姣姣，香香人材长得好。一对大眼水汪汪，就像那露水珠在草上淌"；要写男主人公能干，就写"地头上沙柳绿蓁蓁，王贵是个好后生。身高五尺浑身都是劲，庄稼地里顶两人"；刻画坏人，就直接写"一颗脑袋象个山药蛋，两颗鼠眼笑成一条线"；讴歌美德，就巧妙比喻"烟锅锅点灯半炕炕明，酒盅盅量米不嫌哥哥穷"；烘托革命的恢宏气势，就写"千里的雷声万里的闪，陕北红了半个天"；嘲笑敌人的不自量力，就写"白天夜晚不瞌睡，一垛墙想堵黄河水"；描绘思念的缠绵，就写"一夜想你合不着眼，炕围上边画你眉眼"；描写爱情的坚贞，就写"马高镫短扯着手，魂灵儿跟在你身旁"……

这些形式和内容绝妙，哲理和趣味俱佳的人民语言，浓缩着丰富的民间文化内涵和民族文化意蕴，既符合群众传统的艺术审美需求，又充满了崭新的精神文化气息。

创作完成后，李季利用茶余饭后或下乡的机会，不厌其烦地念给盐池县的一些干部听，多次征求大家的意见。直到1946年夏天，李季才将这首长诗改编分段在《三边报》以《太阳会从西边出来吗？》为标题进行连载，诗歌很快就在三边地区开始传唱。这一年的9月下旬，这首长篇叙事诗的标题改为《王贵与李香香》后，在《解放日报》上分三天载完。

此后，这部杰作很快就获得了它应得的诗歌荣誉和文化地位：在解放区被誉为"解放区文学创作中长篇叙事诗的高峰"；在国民党统治区，则被评为"新民主主义文艺运动对于封建的买办的文艺运动的胜利"；文学大家茅盾更是高度评价其为"一个卓越的创造，就说它是'民族形式'的史诗，似乎也不过分"。

于是，一颗新诗坛上的明星，从革命根据地盐池县的大地上升起来了。从此，李季一举成为20世纪40年代中期解放区诗坛上的新秀。《王贵与李香香》也从盐池走向了全国。

再后来，这首长诗又被改编成各种舞台剧，并被翻译成15种外文版本，在全世界广泛传播。1950年，中央实验歌剧院的梁寒光创作了大型歌剧《王贵与李香香》；1952年，上海淮剧团排练了淮剧现代戏《王贵与李香香》；2018年，宁夏演艺集团秦腔剧院创排了大型秦腔现代剧《王贵与李香香》，并获得"文华大奖"……如今，这首诗依然是大学中国现代文学课的重点篇目。2022年，这首诗又被中国艺术研究院列入"《在延安文艺座谈会上的讲话》精神照耀下百部文艺作品榜单"。打着盐池地域文化鲜明烙印的《王贵与李香香》，终是突破地域、时代和时间的限制，成为中国诗歌艺术史上不可忽视的代表之作。

对于孕育自己民间诗魂、催生代表之作的盐池，李季是怀念的，也是感恩的，并将其视为自己的"精神故乡"和"第二故乡本土"。1964年夏天，已是中国作家协会领导的李季返回三边，前往盐池看望阔别多

《王贵与李香香》问世后，先后被翻译成 15 种外文版本，国内在不同时期也曾出版了多种版本。

年的老同事和老朋友，并特地到距县城十多里地的四墩子村拜访自己的挚友——农民诗人王有，"促膝扯磨了半晌"，然后愉快地合影留念。差不多十年后的 1973 年夏，李季再一次回到三边，看望日思夜想的父老乡亲——那些他心中的"相依为命的亲人"。

1980 年的春天，思乡愈发情切的李季决定写一篇《三边在哪里》的文章抒发自己对三边、对盐池浓郁的情感。他对夫人李小为说："三月草长，家乡的蒿瓜瓜、沙蓬草也一定遍野萌发，满山青翠了。我写完了这一篇，真想回去看看呢！"

然而，还未等唱完《三边在哪里》这支深情的歌，李季却因心脏病突发而离开人世。在未完成的遗作《三边在哪里》中，他忧伤且深情地写道："离开了三边的生活基础，我是很难写诗的，我的诗就失去了光彩。三边的沙漠和小米深深根植于我的心中，它是我长期取用不尽的诗的源泉。"

1992 年 12 月，李季的夫人李小为千里迢迢来到三边故地，寻访李季当年的踪迹，替自己的丈夫了却心愿。后来她又多次前往盐池捐赠文物、出席活动、题词留念，这是对盐池最好的精神回报，也代表着李季对这片红色土地热爱的延续。

参考文献：

[1] 李季．李季文集（第一卷）[M]．上海：上海文艺出版社，1982.

[2] 赵明　王文金，李小为．中国文学史资料全编 现代卷 李季研究资料 [M]．北京：知识产权出版社，2009.

[3] 史建国．李季年谱 [M]．北京：作家出版社，2023.

[4] 李季．我的写作经历 [J]．新文学史料，1981(4).

[5] 李季．我是怎样学习民歌的 [N]．文艺报，1949-12-10(1-6).

[6] 李季．三边在哪里 [J]．散文，1980(4).

[7] 李小为．最初的孕育——忆李季同志的三边生活之一 [J]．萌芽，1981(12).

[8] 李小为．李季创作《王贵与李香香》前后 [J]．收获，1982(2).

[9] 孙绍振．李季的艺术道路 [J]．文学评论，1982(3).

[10] 周培基（李季代写）．深井村的识字组（通讯）[N]．解放日报，1944-1-24.

[11] 李和春（李季代写）．李兰英怎么教娃娃识字——介绍一种新的社会教育形式（通讯）[N]．解放日报，1944-8-15.

[12] 李寄．盐池二区五乡文教工作活跃（通讯）[N]．解放日报，1944-9-6.

[13] 李季．王贵与李香香——三边民间革命历史故事（连载）[N]．解放日报，1946-9-22，23，24.

[14] 李工树．好地方还数咱老三边——李季与信天游（上）[J]．新文学史料，2018(4).

[15] 李工树．好地方还数咱老三边——李季与信天游（下）[J]．新文学史料，2019(2).

[16] 李小为．李季与三边 [J]．石油文学，2020(2).

[17] 张对林．李季和他的《王贵与李香香》[J]．朔方，2021.

[18] 范梦．为李季长诗《杨高传》创作插图的一些回忆 [J]．诗刊，2008(20)：58-62.

哈巴湖航拍。摄影 / 冯大伟

地

道

风

物

在华夏文明的坐标轴上，盐池是一个古老且神秘，偏远但神奇的地方——多元文化在此交流、碰撞、融合，锻造出丰富多彩的文明成果。在复杂的社会进程中，小小的盐池总能以积极开放的文化姿态，配合灵活的创新手段，充分吸收多元文化因子，努力调整发展坐标，顺势而为，成为华夏文明史中生命持久的一颗耀眼之星。

千年古县盐池：多元文化交融的活化石

盐池治沙记

盐池能源变奏曲：向新向绿向未来

千年古县盐池：
多元文化交融的活化石

撰文
段战江

千年古县的历史荣光

在华夏文明的坐标轴上，盐池是一个古老且神秘，偏远但神奇的地方——多元文化在此交流、碰撞、融合，锻造出丰富多彩的文明成果。

盐池最大的地域文化特质就是虽远离政治中心，却与中央王朝关系非同一般，总是不缺帝王将相的政治青睐和名士贤达的文化关注。几千年的历史沿革中，盐池闪耀着别样的文化光彩。

盐池民族文化交融最早的故事，自然要从"盐"讲起。

《国语·周语》记载，早在周穆王时期，西方边远地区的少数民族犬戎每年都会向周王室进贡方物特产，其中最珍贵的就是"戎盐"，即《周礼·天官·盐人》里提及专供周王室享用的"饴盐"。按东汉末年经学家郑玄的注解，这种戎盐以味道甘美著称，故称为饴盐。

就这样，地处偏远西部的盐池初次融入中原文明时，仅凭戎盐这一物华天宝，便直抵华夏文明的殿堂，伴随帝王将相、中外嘉宾的味蕾一起欢畅了几千年，成为一种颇具风味的文明象征。

盐池县在秦汉时期作为"昫衍县"被纳入中原政治秩序；魏晋时期，盐池是西域丝绸之路族群大融合、文化大交流的热点地区；隋唐时期，盐池一带是西域粟特商人的"第二故乡"，成为文化多元、民族融合的治理典范。张家场古城、狩猎纹金方奇[1]、石刻胡旋舞墓门便是这三个黄金时期（西汉、魏晋、隋唐）的最佳历史物证，也是地方最响亮的文化名片。

明朝时期，盐池成为防御蒙古南下的军事重镇，前后有 64 位三边总制坐镇花马池，留下许多脍炙人口的边塞诗句和传奇故事。革命战争年代，盐池又成为宁夏地区第一个县级红色政权诞生地和陕甘宁边区的经济中心，许多创新性的革命文艺实践和红色人文

---

1. 金质文物，具体用途未明，专家根据其背后"良工刻构，造兹方奇"铭文命名为"方奇"。

《王贵与李香香》剧照 摄影／王鹏

张家场古城考古发掘现场。秦汉时期，
这里曾是一座少数民族聚居、畜牧业
发达、商品交易频繁的中心城市。
摄影 / 冯大伟

故事极大丰沛了盐池的地域文脉，一部被誉为"民间新史诗"的长篇叙事诗《王贵与李香香》的诞生便是最好的证明。

复杂的社会进程中，宏大的历史格局下，小小的盐池总能以积极开放的文化姿态，配合灵活的创新手段，充分吸收多元文化因子，努力调整发展坐标，顺势而为，成为华夏文明史中生命持久的一颗耀眼之星。

秦汉盐池：民族交融的历史突进点

西周时期以"戎"统称的西部诸多游牧部落，其实与炎黄族群关系密切，只是受地理环境影响形成的生活方式存在差异。有人认为姜太公就来自羌人中的吕氏部族，而周室姬姓也有分支族群融入羌戎部落。

当时生活在盐池一带的少数民族部落被称作"昫衍戎"。春秋中期，一位叫姬由余的晋国贵族因戡乱流亡戎地，成为戎王的谋臣，后被雄心勃勃且求贤若渴的秦穆公收服，拜为上卿。秦穆公三十七年（前623年），在他的出谋划策下，秦国攻伐西戎，兼并十二国（一说八国），开地千里，称霸西戎，成为春秋五霸之一。归顺秦国的诸多戎族部落里，就有昫衍戎这一支。

此后几百年间，强盛的秦文化开始不断向西戎渗透扩散，不同族群逐渐融合，文明认同也不断加深。

秦昭襄王三十五年（前272年），秦昭襄王伐灭西戎实力最强的义渠戎，开始在西戎之地推行郡县制，设置陇西、北地、上郡三郡，其中"昫衍道"归北地郡管辖。按照秦汉时期的职官设置，县道并列一级，只不过"有蛮夷曰道"。

秦始皇三十三年（公元前214年），蒙恬率领三十万大军，北逐匈奴，收复黄河之南的河套之地，增设九原郡（治所在今包头市），沿河新建44个县城，后又迁徙内地三万户百姓屯垦戍边，同时修建南起咸阳，北至九原，长七百余千米的秦直道，极大强化了中央对偏远河套之地的军事管理能力和经济文化联系。

随着内地移民不断增加，中原文明多维赋能，宜牧宜农的河套地区很快得到开发，经济日益富饶，影响不断扩大，秦人称作"新秦中"。盐池一带少数民族以往"披散头发，以（羊）皮为衣，不食五谷杂粮"，大概也是在这个时期引入丝织、制陶、冶铁、农耕等中原先进技术后，其饮食服饰和生活习惯都发生了极大变化，与中原城市日渐趋同，"秦人"这一早期的华夏民族共同体也逐渐成型。

随着经济文化不断统一融合，社会文明加速升级进化，盐池这一区域的行政建制也从"昫衍道"变为"昫衍县"。西安相家巷遗址出土的秦时文物中，除了有"昫衍道印""昫衍道丞"的封泥外，也有"昫衍""昫衍丞印"等封泥，恰是这一行政变革的最好见证。

盐池这个偏远的"蛮荒"之地，也是从这个时期正式纳入中原文明的行政序列，并在秦始皇的政治谋思和战略布局下，借地理之便，凭食盐之利，成为中原王朝对峙游牧政权、稳定西北边疆的重要军事节点和关键保障基石。

此后袭承秦制的西汉王朝，对西戎故地同样实行"募民迁徙塞下，屯田筑城"的移民实边政策，自元狩三年（前120年）到元鼎五年（前112年）的短短八年间，汉武帝就安排了三次大规模的移民，百余万中原百姓和数十万军卒被迁移到北地边郡进行戍边屯垦。

这一时期盐池地区的一项重大改变，便是搜粟都尉赵过将新型农具和先进耕作农艺"代田"推行至边郡等地。赵过是个很有创新精神的技术官僚，他发明的耕具、耘器以及播种的三脚耧等农具"皆有便巧"，其中二牛三人的耦犁耕作法非常先进，极大提高了耕作效率。盐池境内曾出土了不少汉代的耦犁铁器，其中形状巨大的铁制犁铧让人印象特别深刻。

当农耕技术的春风吹进昫衍这块边地，带来富饶的农耕文明时，另一种奇妙的游牧文明种子，也在这里悄悄生根、发芽、开花。

元狩二年（公元前121年），匈奴浑邪王因内部争斗失利，率领四万余人归降西汉，汉武帝将其部众拆散，分别在河套之南的五个边郡设置属国进行安置。其中和盐池关联最大的就是隶属上郡的"属国都尉城／龟兹属国城"（考古专家的一种新推论，尚未确定），也就是考古界大名鼎鼎的张家场古城。

张家场古城是宁夏乃至鄂尔多斯台地保存最为完好、存在时间最长，可能也是规模最大的西汉古城之一。这座古城比一般汉代古城面积大很多，被列为大型古城遗址。若以遗址空间分布及城址规模结构进行比较分析，与张家场古城最具可比性的是霍洛柴登城址（位于今鄂尔多斯市杭锦旗境内）和塔布陀罗亥城址（位于今呼和浩特市毫沁营镇境内）。

考古专家推论，这三个大型古城遗址很可能都是汉武帝时期创设的边郡军事管理机构，可简单理解为跨郡县的临时战区，管辖范围往往根据战线需求，从数个边郡划拨一些县域进行联合军事管理。有专家认为张家场古城很有可能就是上郡的属国都尉治所。

到了东汉初期，这些属县的民事管理也统一划拨给都尉管辖，正所谓"稍有分县，治民比郡"，这些边郡都尉的行政级别差不多与郡太守相当，治所也具有独立的防御城池和行政管辖权。属国都尉与其他边郡都尉稍有不同的是，除了维护边疆军事安全的职责外，也是本属国的监察官员。

与普通的郡县城池相比，这些都尉治所的城池可能规模更大，建筑规格更高，人口密度更大，经济实力也更强。譬如张家场古城和霍洛柴登城址都出土有大量的兵器和车马器，以及窖藏的海量钱币，甚至还有标志铸币权的"钱范[1]"，加上遗址中大量的残砖断瓦、周边相当规模的墓葬群……这一系列考古发现都表明这些古城拥有远超县级，甚至郡级治所的行政规格和综合实力。

因此，专家推断张家场古城可能是西汉时期的上郡属国都尉城，东汉时期的上郡

---

1. 铸造金属钱币时使用的模具。

秦汉时期的文物

陶罐

西汉
卷云纹彩绘陶罐

口径 5.2cm，腹径 21.5cm，
底径 13.8cm，重 3100g

西汉
弦纹红陶罐

口径 9.5cm，腹径 17.3cm，
底径 10.1cm，重 1000g

西汉
铜博山炉

底径 10.5cm，高 10.4cm，
重 200g

西汉
货布铜钱

长 5.8cm，宽 2.3cm，
重 30g

青铜器

骨器

汉代
骨货泉

长 2.6cm，宽 0.6cm，
高 2.8cm，重 9g

汉代
贝饰

长 2.6cm，宽 2.4cm，
高 0.5cm，重 5g

制图／吴立影　供图／盐池县博物馆

龟兹属国城。而位于今陕西榆林的上郡龟兹县，则如《汉书·地理志》所言，可能只是归由属国都尉管辖治理而已。

这一推断还有另一重要证据：从盐池当地文史专家陈永中先生过去几十年搜集的张家场封泥来看，与龟兹有关的封泥多达24枚，这也从侧面说明张家场古城与龟兹有着相当密切的关系。

中古盐池：异域文明的多元交融处

魏晋时期，战乱频繁，汉地人口锐减，中央王朝不得不采用"招抚五胡"的人口迁移政策。西晋初年，西北边郡基本完全胡化，关中地区百余万人口也是"戎狄居半"。西晋八王之乱后，以匈奴、羯、鲜卑、氐、羌为代表的"五胡"武装部落及一些汉人军阀趁机占据北方大片领土，建立各种割据政权，中国从此陷入长达三百年的大分裂大动乱时期。

客观上讲，这个充满血泪与杀戮的历史阵痛期，也是民族之间大流动、大迁徙、大杂居、大融合的时期。魏晋南北朝之后，以往活跃生猛的诸多少数民族便鲜有记录，因为他们已与中原民族交融，密不可分。通过"编户齐民"的户籍制度，归顺的游牧民族统统都被融入华夏民族的文明共同体中。

如果我们从这一认知维度重新打量这段历史，就会发现不一样的文明暗流。据史书记载，北魏太武帝拓跋焘统一北方之前，北方先后存活有十多个（实际或更多）独立政权，其中有代表性的如前赵、后赵、前燕、

后秦、胡夏、北齐、北凉等，被北魏末年的史官崔鸿记录在《十六国春秋》里，史称"五胡十六国"或"东晋十六国"。

这些当年政治、军事甚至人口都占据优势的五胡族群，至今已大多语言不存、文化不存，消失在历史的长河中，而这一百多年断代史却被史官详细记录，永存史册，很大原因就在于他们选择的"汉化"之路。

东晋时将盐池视为疆域腹地的胡夏政权，本是由南匈奴铁弗部族（北人谓"胡父鲜卑母"之人为"铁弗"）族人赫连勃勃建立，游牧民族属性很强，却情愿攀附华夏族人先祖，自认是夏后氏之苗裔，取国号为"大夏"。自称大夏天王、大单于的赫连勃勃，除了仿照汉族王朝建城池、置百官、设年号外，还依汉人的语言习惯将"赫连"改为其姓氏，以求皇天保佑。

2006年，在盐池县青山乡古峰庄村出土的三件金方奇，或许更能生动地说明这种胡汉相融的思维模式。造型华美的金方奇背后有清晰的铭文，笔法凌厉，具有典型的魏碑体特征。铭文由14句押韵的汉诗颂词组成，句式典雅，用典考究。金方奇的铭文中有明确的汉式干支纪年，是为"白乌二年，岁在戊午"，专家根据《二十史朔闰表》进行检索和排除，推断为418年，很可能是十六国晚期某个被史书漏记的胡族政权遗物；也可能是隋大业九年（614年）十二月丁亥举兵称帝，建元白乌的农民起义军向海明政权的遗物。

此外，铭文中明确记载金方奇是"中御府造，用黄金四斤"，说明这个历史面貌模糊的胡族政权除了设立汉式年号外，还设置

中古时期（魏晋—隋代）的文物

　　2006 年，在盐池县青山乡古峰庄村，出土了三块形制奇特的金板，考古专家将其称为"金方奇"，并根据纹饰分别命名为"狩猎纹金方奇""长尾鸟纹金方奇"和"鸟纹金方奇"。根据铭文记载的时间，专家考证推论，这三枚"金方奇"可能是五胡十六国晚期（418 年）某个被史书漏记的胡族政权遗物，也有可能是隋末（614 年），农民起义领袖向海明称帝时所铸造的金牌饰。

正面

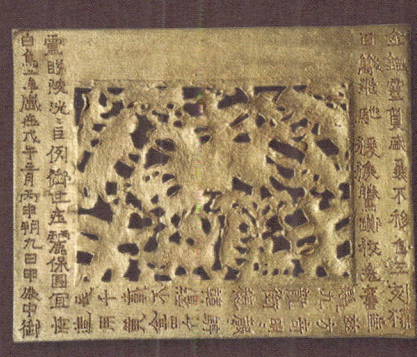

背面

狩猎纹金方奇

长 18cm，宽 14cm，
厚 1cm，重 842.1g

正面

背面

长尾鸟纹金方奇

长 20.3cm，宽 16.7cm，
高 1.1cm，重 1170g

正面

背面

鸟纹金方奇

长 17.8cm，宽 14.4cm，
高 1.1cm，重 940g

制图／吴立影　供图／盐池县博物馆

汉制百官，拥有御用的皇家工匠。有意思的是，器物铭文中提到的猿猴、狡兔、九龙、韩卢（狗）等动物，都是汉人知识范畴内的瑞兽，但实际雕铸的图案却是不同于传统汉风的异域文明造型。

以三个金方奇中最有特点的"狩猎纹"为例：其纹饰除了汉人熟知的猴和狗之外，鹰隼、豹子、飞翼狮子等都是非常陌生的动物造型，特别是画面中间的骑马武士，其冠饰着装、控弦待发的姿态，以及没有马镫的骑马方式等，都与同时代西亚萨珊王朝（波斯第二帝国）流行的狩猎图高度相似。

这种萨珊王朝的艺术风格能够传到黄河河套地区，很大程度上与当时丝绸之路的繁荣有关。自公元456年至558年，萨珊波斯曾先后14次朝贡中国，进贡的多是中原罕见的狮子、白貂裘、波斯锦等物，其中当然少不了硬通货，如萨珊金银币或金银器。盐池出土的三个充满异域风情的金方奇，恰是这一历史时期的珍贵物证。

唐朝建立后，恢复元气的中原王朝再次繁盛起来，对于西域的军事、文化、经济影响也达到顶峰。位于丝绸之路东段北道的宁夏地区也由此进入新的民族大融合时期，其中，最活跃和亮眼的少数族群是粟特人。

粟特人原是生活在阿姆河与锡尔河一带的古老中亚民族，以擅长经商而闻名于欧亚大陆，长期垄断丝绸之路上的转贩贸易。但族群势力不甚强大，先后归附波斯人、塞种人、大月氏人、白匈奴人和西突厥人，也因此造就左右逢源、东西兼通的商业能力。早在东汉时期，大量粟特人就进入中原经商定居，因为熟知西域事务，精通各族语言，成为朝廷信赖的合作伙伴和得力助手。

贞观二十年（646年）九月，唐太宗出巡灵州，与西北少数民族会盟时，派往送信沟通的使者就是粟特人安永寿。调露元年（679年），唐高宗为了进一步稳定西北边疆的安全局势，促进河套地区多民族的交流融合，决定在灵州南境设置鲁、丽、含、塞、依、契等六州，史称"六胡州"。这六个州有五个都以唐人为刺史，唯有位于盐池兴武营一带的鲁州刺史安思慕是粟特人，由此可见中央政府对粟特人的政治信赖。

在包容、开放的大唐文明浸润下，盐池县境内聚居的粟特人已变为地地道道的"唐人"。20世纪80年代，盐池县城西北的窨子梁唐墓便是最好的历史见证。这个墓群是唐代一个粟特家族的墓地。墓志铭记载墓主姓何，是中亚粟特人内迁的"昭武九姓"中一个典型姓氏，自称"大夏月氏人"，袭承父职，有都尉的官衔，其祖上曾以宣威将军之职跟随唐军四处征伐，立下不少军功。有意思的是，朝廷对其褒奖时，虽以武功受勋，却属文官序列；他的父亲也是都尉的武职头衔，却"雅誉早闻"，以文著称；后来这位何姓墓主同样挂着都尉虚职，过着"侣风月以留情，引琴樽而自赏"的文士生活，并于久视元年（700年）九月，以85岁的高龄，安逝于自己的私人宅第里。

何家归顺大唐的三代粟特人，个个不爱武艺爱文艺，也说明大唐统御天下最厉害的武器并非兵马刀枪，而是"李杜文章在，光焰万丈长"的文化软实力。从墓志铭信息中不难判断，何姓粟特家族在精神和思想层面已经汉化，但在生活习俗和娱乐方式上依然保留着一些民族传统和文化记忆。譬如 M6 合葬墓出土的石刻胡旋舞墓门，便是粟特人好歌舞的生动刻画。两扇墓门高 88 厘米，宽 42.5 厘米，分别以浅浮雕方式刻着两个对舞的舞伎。两位舞伎深目高鼻，头束发带，臂环帛巾，脚蹬皮靴，各自站在一个小圆毯上，单腿悬空，同时双臂上屈，或有节奏地拍手，或自由舞动，长长的帛巾随着舞动飞旋，飘逸似仙。

这个被奉为宁夏博物馆镇馆之宝的国宝级文物，一睹便让人梦回鲜活的大唐：或是玄宗宝座前安禄山"作胡旋舞疾如风焉"的历史现场，或是皇家御宴上杨贵妃"飘然转旋回雪轻，嫣然纵送游龙惊"的盛唐风华，或是酒肆里胡女"回雪飘飖转蓬舞，左旋右转不知疲"的街市欢快……旋律明快、节奏紧快、转圈急快的胡旋舞总能以非凡的艺术魅力，让古人和今人都统统陷进"人间物类无可比"的现实惊叹和历史迷思里。

明清盐池：边塞文人的诗歌三叠唱

宋元时代，由于海上丝绸之路的兴起、西域生态环境的不断恶化，以及中西亚庞大的游牧民族帝国的分崩离析，陆上丝绸之路不可避免走向衰落，失去地理价值和战略意义的盐州，不复有汉唐时代的繁荣热闹和历史喧哗。

直到明朝时期，为了应对占据河套之地的蒙古鞑靼势力南下，被视为"关中要冲"的花马池修筑了三道边墙、数十座城堡、数百座墩台，构建了一个严密的军事防御体系。每年秋天，驻守固原的三边总制都会亲临花马池，居中调度，是谓"防秋"，间或也采用只守不攻的"摆边"战法，或是主动出击的"捣巢"攻略，但不管采取何种策略，其军事指挥中心都设在花马池营。

驻守花马池的三边总制皆为进士出身的朝廷重臣。他们及其属员极高的文学素养和精神追求，自然也给花马池带来不一样的文明刺激和文化赋能。

他们往往喜欢登高赋诗，言志述情，一样的风景，却因个人境遇、身份和时局环境的差异而呈现不同的人生况味。譬如同样写兴武营，三任三边总制的杨一清写道："簇簇青山隐戍楼，暂时登眺恨人愁。西风画角孤城晓，落日晴沙万里秋。甲士解鞍休战马，农儿持券买耕牛。回思亲筑边墙日，曾得清平似此不？"

同时代总督三边军饷的户部侍郎冯清，以同样的韵脚写道："筹边且喜一登楼，破虏应消万古愁。百草惊香霜信早，黄云遥落雁声秋。宪旌影动摩霄汉，宝铗光寒射斗牛。樵牧满川耕遍野，穷边不信是还不？"两首诗都是自夸边事善政，只不过冯清的诗多一些积极因素，而杨一清的诗则多了几分自得从容。

嘉靖年间，73 岁的三边总制王琼登上自己主导修建的长城关楼，恰逢重阳佳节，所以心情大好，诗中欣欣然的心情跃然纸面："危楼百尺跨长城，堞堞秋高气肃清。绝塞平川开堑垒，排空斥堠扬旌旌。已闻胡出河南境，不用兵屯细柳营。极喜御戎全二策，倚栏长啸晚烟横。"

万历年间，60 岁的三边总制李汶连取几次军事大捷而心情舒畅，登楼望远，欣然赋诗曰："驱车直上傍岯霞，到处羊肠石径

明清时期的文物

清
"大清乾隆年制"
描金红釉瓷碗

口径 9cm，底径 4.3cm，
高 6.5cm，重 100g

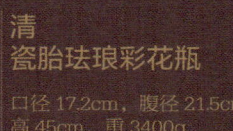

清
瓷胎珐琅彩花瓶

口径 17.2cm，腹径 21.5cm，
高 45cm，重 3400g

明
带盖鼓腹砂底
彩绘瓷罐

腹径 16cm，底径 10.7cm，
高 20cm，重 880g

清
人物纹五彩
瓷帽筒

直径 12cm，高 28cm，
重 1100g

清
彩绘白瓷盅

口径 9.3cm，高 5.5cm，
重 50g

制图 / 吴立影　供图 / 盐池县博物馆

斜。远岫逶迤抱雪谷，翠微陡绝搏风沙。三春不解毡裘服，五月始开桃杏花。狼望龙城近在掬，惊心别是一天涯。"与王琼大开大合的诗意相比，李汶的诗里则多了几分文人的纯粹。

诗能陈情言志，更能凸显个性。同样是登花马池城楼，嘉靖年间的三边总制刘天和，因性格刚毅，诗中自然就会多一些铿锵的杀伐气："谁筑防胡万堞城，坐来谈笑虏尘清。三秋号令风传檄，千里声容鸟避旌。剑戟霜寒明远道，鼓鼙雷动满行营。登楼渺渺龙沙地，极目烟销紫塞横。"

接任刘天和的新三边总制杨守礼，虽说也是战功赫赫、能打善战，可天性多愁善感，诗中总有挥之不去的文士惆怅："六月遥临花马池，城楼百里间华夷。云连紫塞杵声远，风卷黄沙马足迟。名利一生空自老，是非千载不胜悲。长安东望三千里，早把平胡颂玉墀。"

正是在诸多守边官员、贤臣名士的不断努力和示范影响下，"习于弓矢，不知有学"的当地民众开始了解文字的魅力，感受文化的力量。特别是戍边的军户子弟，他们非常渴望接受与中原一样的儒学教育。

嘉靖二十八年（1549 年），右金都御史王邦瑞向朝廷上奏，建议在花马池营兴办儒学，得以奏准。不久后，在接任的新巡抚张镐操办下，盐池的第一所公办书院成立。嘉靖三十九年（1560 年），被派驻花马池的新科进士、户部主事蔡国熙，看到十年前的公办书院破败不堪，决定筹资重建书院，得到当地守军将领的支持。新的书院后由蔡国熙亲自命名为"朔方书院"。

朔方书院最有建筑特色的就是后院设立了一个"高若千尺"的大土台（时称春台），供学子们登台远眺，便于直观了解"内夏外夷"的地理风貌。学院除了教授理学和儒学知识外，还讲解有关塞北的历史故事和地理变迁。此外，书院还结合"戍守之役，艰苦万状"的军民感受，深度讲解明朝戍边的历史缘由和边防知识。

到了清朝，中央王朝采取全新领土策略，困扰明朝几百年的北部边防问题成为历史，从此长城内外是一家。花马池这个军事重镇再次失去战略价值，边城要塞变成偏远西部腹地的普通县城。不过，明代崇文重武的教育思想却已悄然扎根，并持续延留下来。

清朝时期，花马池设有和中原一样完备的儒学教育体系。城中建有文庙，文庙西边有文昌宫，东南城墙角还有一座三层的魁星阁。文庙正殿大门上立有"大成殿"的额匾，下面是一方题写"万世师表"的巨大横匾，每字一米见方，据传是康熙三十六年（1697 年）三月，康熙皇帝亲征噶尔丹路过花马池时亲自手书的真迹。

每年农历二月和八月的第一个丁日[1]，县里还会在文庙举行重大的祭祀典礼，又称"祭丁"。这个传统一直持续到 1924 年前后。老一辈的盐池人还记得当时县府特设有奉祀官，最后一任奉祀官是一名叫张璞的清

朔方书院创建于明朝，今天盐池县在原址新建了图书馆（朔方书院），收藏各类书籍文献，每年吸引十余万人来此学习。摄影／冯大伟

末秀才。

清代盐池最有代表性的两大文教武化成果，一是"文曲星"谢王宠。他是盐池县惠安堡人，康熙四十五年（1706年）中进士，曾任光禄寺少卿、翰林院侍讲、都察院左副都御史等职，官至正三品。如今，当地博物馆还存留他及夫人的墓志铭，为其墓志撰文、书丹和篆盖[1]者，是雍正时期颇有文化影响力的三位进士，可见其学问、品德都令人敬重信服。

二是"武曲星"傅成。他是盐池县大水坑镇人，在平定"三藩"过程中立下不少功业。有意思的是，他一个盐池人，从军经历却多半在南方浙江、福建。起初戍守浙江宁波蛟关，后到温州任游击将军，再选调到福建泉州任城守参将，最后调任直隶省永平府任副总兵一职。他的长官夸他"久历疆场，屡着战功，谙练营务，材技优长"，可谓名符其实的朔方良将。

从某种程度讲，不管是在盐池真正生活过、工作过、游历过的官员名士，还是仅在文化层面关注过、研究过、描述过盐池的文人大家，凡是留有笔墨记忆的，都是盐池的文化贵宾，他们赠予盐池的风雅，都是价值不可估量的文化财富。

民间盐池：黄河文化的变调协奏曲

如果说秦汉时期的盐池文化存留在张家场的古城遗址里，中古时期的盐池文化浓缩在金方奇和石刻胡旋舞墓门上，明清时期的盐池文化记录在名士的边塞诗词中，以上内容代表了古代精英的视角，是地方文化的"阳春白雪"，那么必然对应的还有一种"下里巴人"的民间文化。与文绉绉的精英文化相比，火辣辣的民间文化具有更庞大的受众面，更坚韧的生命力，以及更活泼、更大胆、更包容、更自由的创新力。

大体而言，盐池的民间文化属于典型的黄河文化，特别是受陕西、甘肃和山西的地域文化影响较大。比如，"转九曲"（又称"转灯"）是黄河流域元宵节的一种民俗活动，在盐池县落地生根后，当地还专门建造了一个"九曲民俗文化园"。每年春节期间，盐池及周边很多人来到这里感受西北塞外春节的热闹气氛，祈福健康平安。

从盐池的历史地位和现有人口结构分析，虽自秦汉以来进行过数次大规模的移民，但由于历史重心转移和地理环境限制，城市发展规模、承载人口体量、族群文化样本都很有限。近现代以来的盐池，还不足以形成内生的地方民俗文化，而更多是一种吸附效应，从"邻家"四处吸纳，并大胆化用。

另外，作为宁夏第一个县级红色政权，盐池人很早就接受了革命精神的洗礼。大量农民、妇女通过冬学、夜校、家庭识字班、读报组、民教馆、半日轮学等方式提高文化水平，掌握学习的主动性。毛主席的《在延安文艺座谈会上的讲话》极大影响和鼓舞了

---

1. 为墓志铭上的石盖上题字。

一手握剪刀，一手拿红纸，纸随剪落，一开一合，一旋一转，一张普通的红纸，在剪纸艺人的指尖下变幻成各种栩栩如生的艺术形象。盐池的剪纸艺术受陕北、陇东、鄂尔多斯和西部黄河流域文化的影响，形成了自己独特的风格，具有强烈而又鲜活的生命力。
摄影／王建波

盐池民间艺术家的创作自信和文艺精神。

延安时期革命文艺工作者在诗歌、戏剧、木刻、剪纸等方面的创新尝试，也给予盐池民间艺术家极大的启迪。与时俱进的文艺精神，包容开放的学习态度，大胆革新的创作方法……这些优良的文艺革命传统在潜移默化中成为盐池民间文艺工作者的文化自觉和集体特质。

譬如说唱歌。盐池民歌的主要形式是陕北传过来的信天游，这种曲调形式自由，简单易唱，转韵多变，常用一些比兴的叠字和衬字拉伸唱腔，唱起来有回肠荡气、痛快淋漓的张力之美。

盐池人唱信天游随性自在，且具备特殊的多样性，若在麻黄山一带唱，因靠近陕北，就唱得比较规矩；若在花马池镇一带唱，因靠近鄂托克前旗，就会融合一些蒙古曲调，唱得更加悠扬。

对于盐池民间艺人而言，音乐的多元化吸收和本地化改造都是自然而然的事情。以盐池道情为例，虽属于陇东道情流派，但在唱腔曲调和语音词句方面都融入地方特色，有很大改变。或是陇东曲调加宁夏话的方式唱《山花》，或是套用陇东曲调，以盐池当地方言现编现唱《寡妇断根》，他们甚至把南方民歌《茉莉花》的曲调融入道情，南腔入北调，老歌出新声，也颇是顺畅好听，很受当地百姓的喜欢和认可。

譬如说皮影。盐池的皮影戏造型主要来源于陇东流派，但剧目、唱腔和操线则是五

盐池皮影综合了传统戏剧、民间小调、
民间美术的部分特点，集文人写作、
艺术刻绘与民间方言、曲艺演唱于一
体，由艺人一边操纵一边演唱。
摄影/陈静

花八门，怎么热闹怎么来，怎么好玩怎么来。清末民国时期，地广人稀的盐池苦于农闲时没有娱乐，遇到要皮影的流浪艺人，不排外的盐池人往往大方邀请他们连人带艺留下来。20世纪30年代到80年代，处于鼎盛时期的盐池县皮影戏有6个演出班子，分布在麻黄山、大水坑、红井子、王乐井等地，演出剧目也非常丰富，多达几十部，甚至上百部。

盐池的皮影班子主要是由外地逃难而来的手艺人发起组成。盐池最早的许氏皮影班子第一代班主诳桃（外号"许洋炮"）来自陕西米脂县，清末时落户到盐池县王乐井乡牛记山村；再如来自宁夏灵武的鲁仁，20世纪30年代落户到王乐井乡的郑记堡子村，凭借能拉会唱，还会自制皮影和自编剧本的全能本领，和儿子一起组建了两个皮影班子，在陕西、宁夏、内蒙一带流动演出。

譬如说秦腔。盐池的秦腔剧团由民间的草台戏班子自发组成，最大的特点就是与时俱进，敢于创新。1971年演出革命样板戏《红灯记》时，大胆借鉴陕西定边秦腔剧团的成功经验，用秦腔表演京剧内容，让听惯秦腔的当地观众倍感亲切，大呼过瘾。1974年，剧团又排出了秦腔现代剧《血泪仇》，在周边地市演出，颇受群众欢迎。20世纪90年代，他们还排出以盐池民间传说为蓝本的《花马传奇》和以解放战争时期当地革命队伍为原型的《回汉支队》，并在器乐伴奏上大胆引入现代鼓乐器。

盐池县秦腔剧团在艺术追求上讲究有放

盐池说书人。表演者手中弹着三弦，用腿打着节奏。盐池说书源于陕北说书，其鲜明的地方特色和幽默风趣的表演风格深受民众喜爱。

供图／盐池县文旅局

每年元宵节，盐池县都会在九曲民俗文化园举行游九曲、舞龙舞狮、扭秧歌、赏花灯等各种活动。供图／盐池县文旅局

有收：剧目内容可以大胆创新，但在腔调上讲究秦声秦韵，原汁原味。为确保剧团在腔口上的纯粹和地道，剧团还特地多次从陕西引进专业演员。

随着歌舞、电影等现代娱乐方式的兴起，秦腔这门古老的艺术受到极大的冲击，盐池县秦腔剧团也因时代原因而被迫解散，但剧团团魂里那股不服输、有韧劲、敢创新的精气神却没有散。一些原剧团的秦腔演员选择坚守，重新组织戏班子下乡演出；一些则试图创新，拥抱艺术新形式，组建歌舞剧团，排练大型音乐剧去全国各地演出。

譬如说剪纸。盐池剪纸艺术主要受以陕北、陇东为代表的西部黄河流域文化影响，延安时期的红色艺术木刻和革命主题剪纸也赋予盐池剪纸很多艺术灵感。盐池剪纸题材广泛，内容丰富，刻画家禽动物的，描画美丽植物的，表现喂鸡、牧羊、放牛、骑驴、赶车等实际生活的……凡是群众喜闻乐见的，都能在灵巧的盐池人手中"妙剪生花"。

此外，盐池剪纸也有许多寄托美好寓意的主题，如三羊组合象征着三阳开泰，莲花鲤鱼寓意着连年有余，石榴缠枝象征着多子多福，鸳鸯戏水寓意着美好爱情，牡丹并蒂象征着花开富贵，喜鹊探梅寓意着喜事临门……

盐池剪纸艺术家在传承传统艺术的同时，也喜欢积极创新，而且往往立意高远，刀功精湛，艺术水准颇高。盐池具有代表性的剪纸艺术家绝大部分受过高等教育，他们对剪纸艺术的热爱，一方面受益于家庭的影响熏陶，但更多取决于个体的文化素养和精神追求。

或如陈瑞春和陈瑞宁姐妹精刻细镂、韵味十足的《花马池传说》系列，或如冯春香风格独特、造型唯美的《仕女》系列，或如路文刀法老到、形象生动的《主席头像》系列，或如芮利东古意盎然、内涵丰富的《福娃》系列，或如高菊艳形象生动、线条流畅的剪纸长卷《王贵与李香香剪纸连环画》……无不生动体现了盐池人丰富细腻的精神世界。

时代盐池：现代文明的潮流冲浪者

盐池县位于鄂尔多斯高原的边缘地带，东北部就是著名的毛乌素沙地，生态脆弱，沙化严重，以风大沙大著称。盐池风沙曾经肆虐到不可思议的程度——往往不到一年的时间，流沙就能累积到和县城西城墙一样高。1936年，美国传教士克劳德·毕敬士（Claude L. Pickens）在宁夏考察时路过盐池，对于这个现象颇是惊奇，特地拍照记录，并称之为"时间之沙"（The sands of time）。克劳德·毕敬士用现代相机审视这片荒凉的土地时，心里应充满了巨大的西方文明优越感。看惯了高楼大厦和车水马龙的他，惊奇地发现即便是宁夏省府银川也才刚刚通电不久，而且用的是一组老式破旧的小型发电机，电机容量仅12.5千瓦。

这组美国制造的发电机身世特殊，是光绪二十一年（1895年）慈禧六十大寿时英人赠送的寿礼，曾安放在颐和园供西太后御用。后来这组电机几经辗转，于1956年调拨给盐池县，供盐池县城内机关学校及300多户居民夜间照明，之后便一直在盐池县各地发挥用途。一直到1986年，这组运行了大半个世纪的电机才光荣退出历史舞台，凭借传奇的经历和丰富的见证，成为盐池县博物馆的镇馆之宝。

就在克劳德·毕敬士路过盐池县惠安堡镇不到半年，盐池建立起宁夏第一个县级红色政权，共产党人开始用先进的政治思想和惊人的组织效率建设这片土地，被"时间之沙"淹没的盐池，很快就绽放出新的时代光彩。

曾经，盐池靠着食盐、皮毛、甘草的传统三宝，成为"地瘠民贫"的陕甘宁边区的经济支柱，有力地支援了抗战和革命。1949年后，国家建设资源和开发政策积极向边区倾斜，盐池的工业得以蓬勃发展。

从20世纪50年代开始，大量先进的现代文明涌入这个千年古城，随着石油、煤炭、天然气等资源的大量勘探和开采，盐池的电力、交通情况大为改观，县里开始拥有第一辆运输汽车，引进第一辆拖拉机，飞机播种撒药、农业气象观察、林场机械作业……也渐渐成为盐池人习以为常的景象。

甚至早在20世纪60年代，盐池县就组织了公路自行车赛事，并在全国比赛中获得奖项。而传统的皮毛、纺织产业也大量引进技术革新，漂亮的二毛皮衣饰、华丽的羊毛地毯，成为畅销全国、出口国外的驰名特色产品。

曾是"偏僻边塞"的盐池，在现代工业经济的驱动下，交通也得以不断升级，目前拥有2条铁路、3条高速、5条国省干道，以及宁夏首家通用机场，发展成一个与时代同频共振的现代城市。

这片被"时间之沙"覆盖的宝地，不断赋予盐池人新的财富和惊喜。除了食盐、皮毛、甘草的传统三宝外，如今煤炭、石油、天然气成为盐池县的新三宝。此外，盐池县还凭借光能和风能优势，大力发展新能源，目前盐池县的新能源装机规模已达到432万千瓦，新能源发展水平居全国前列。

即便是黄沙地貌也大有改观。当年黄沙肆虐、沙丘遍地的盐池，经过几十年的不懈努力和持续治理，已变成西北的绿色中坚和旅游胜地。目前全县林木覆盖率达到31%，植被覆盖率达到70%，先后获得全国防沙治沙先进县、全国绿化先进县等荣誉称号。

如今，资源禀赋得天独厚的盐池，正在新政策的引导下，凭借技术加持和文化赋能，积极寻求新的发展坐标点和变革机会点，雄心勃勃地规划高质量的发展蓝图，不断激发地域文化潜能，力求重振千年历史荣光。

在奔放豪迈、宽厚大度的盐池人看来，无论中原还是草原，无论黄河还是西方，无论农业还是工业，终归是人类追求幸福和进步的不同途径，唯有以开放姿态，多元融合，兼收并蓄，才是城市繁荣、国家兴旺、民族和谐的文明正解。

参考文献：

[1] 刘国君，张明鹏.朐衍及朐衍县（道）的建立与废弃 [J]. 宁夏社会科学，2011(5).

[2] 黄银洲，王万昂，付娇，唐菊.鄂尔多斯高原秦汉遗址空间分布及环境指示意义 [J]. 地理研究，2018(11)：2165-2176.

[3] 鲁人勇.宁夏：丝绸之路的门户 [M] 银川：宁夏人民出版社，2018.

[4] 杨森翔.宁夏：移民历史与文化 [M] 香港：华夏文史出版社，2021.

[5] 马强.白乌二年金方奇及相关问题 [J]. 文物，2015(4)：91-95.

[6] 宁夏回族自治区博物馆.宁夏盐池唐墓发掘简报 [R]. 文物，1988(9).

[7] 政协盐池县学习文史委员会.陈永中盐池历史研究文集 [M]. 银川：宁夏人民出版社，2016.

[8] 党英才.盐池历史文化人物 [M] 北京：中国文史出版社，2017.

[9] 刘国君.盐池县非物质文化遗产图谱 [M]. 银川：宁夏人民出版社，2014.

[10] 刘鹏云主编.红旗漫卷西风（盐池系列文化丛书之五）[M]. 银川：宁夏人民出版社，2009.

[11] 政协盐池县提案法制和学习文史委员会.花马池问史录·张树林专辑 [M]. 银川：阳光出版社，2013.

[12] 张树林，张树彬编著.红色记忆——走进革命老区盐池 [M]. 银川：宁夏人民教育出版社，2012.

盐池治沙记

撰文
王砚

摄影
冯大伟 等

在盐池，春天比南方来得更迟，三四月里大风依旧猛烈，将县城的街道吹得越发空阔整洁，两旁种植的国槐、新疆杨、榆树以及郊外大片的柠条、沙柳俱在风中招摇。每个乡村都能见到犁得整整齐齐的庄稼地，刚播下去的玉米正等着发芽。显然，大风没有带来不安的信息，人们随意拍拍身上的浮尘，不用再将自己裹得严严实实行走街头。许多人的回忆中春天动辄黄沙漫天的景象，仿佛一个遥远的梦，曾令人惊惧，亦让人觉醒。

如今，大风依旧，但大部分流沙停止了流动，牧羊人改变了粗放的传统，以往成片消失的草木重新萌发生长，这对于一个处于干旱带上，平均年降水量只有 300 毫米左右，曾备受水土流失、风沙侵袭困扰的西部小县城而言，不能不说是一个奇迹。深入地探寻这个奇迹的背后，我们感受到的，更多是人与自然苦苦周旋，不断重新彼此审视、探究以及和解的漫长过程。

当然，一切要从治理沙患开始。

风沙之患

我们坐一辆出租车从盐池县大水坑镇回县城，一大片雨云如同灰色蘑菇悬垂在车窗外，新长出枝叶的榆树在风里飒飒有声，很快，豆大的雨点落在挡风玻璃上，一阵噼啪，而阳光也并未曾退让，雨滴映射出小小的七彩光圈。这景象着实令人惊喜。五十多岁的司机张大哥是本地人，他描述了少年时经历的另一番春天图景。

"我那会儿就十来岁吧，和妹妹在同一所学校念书。中午放学，我们和几个同村的小孩一起回村吃饭，突然间一阵大风刮来，天立马就黑了，飞沙走石，风呜呜地响，沙子打在脸上生疼，眼睛睁不开，也没处躲。妹妹吓得直哭，我也害怕，只能让几个小孩牵着衣角，沿着一条水渠慢慢往村子的方向摸索。也不知走了多久，突然看见前面出现了两盏灯，我那叫一个高兴啊，这不有人家了吗？赶紧带着他们往灯光的方向走。好不容易走过去一看，原来那是别人家的驴圈，一头大黑驴的眼睛扑闪扑闪的，嘻……"

1983 年 4 月发生的这场沙尘暴,同样也印刻在哈巴湖国家级自然保护区职工唐少兵的记忆里。当时他正在县城,猝不及防就被卷入了沙尘里,一堵沙墙横亘眼前,"天那个黑啊,伸手不见五指,面对面都看不清人⋯⋯"事后,人们才知道,风沙造成了 4 人死亡,2 万多只牲畜丢失、死亡。

　　盐池一带的沙尘暴风速极快,狂风过处一片狼藉,地面草根裸露,本就脆弱的生态环境更加千疮百孔。不知何时起,"沙粒"早已散落到盐池的各个角落,与"沙"有关的民谣、地名多不胜数,那漫天昏黄一度成为生活的底色,席卷了关于绿色的想象。

　　摊开宁夏回族自治区地图,三面环沙,黄河穿行其间。西面,是腾格里沙漠;北面,有乌兰布和沙漠;东面,为毛乌素沙地。整个宁夏,正是风沙进入中国腹地的要道,而位于毛乌素沙地西南缘的盐池县,曾经有 52% 的土地被沙漠侵占,近 80% 的村庄遭受沙害。过度利用之下,天然草场以每年 400 平方千米的速度被沙漠吞噬。

　　但是,在历史典籍、诗词歌赋里,古时的盐池却是水草丰茂、卉木蓁蓁的边塞绿洲。唐朝建中元年(780 年),边塞诗人李益随朔方节度使崔宁"巡行朔野",途经铁柱泉一带时,写下了"绿杨著水草如烟,旧是胡儿饮马泉"的诗句,可见当时仍是一片充满生机、绿意盎然之地。直至明代,铁柱泉的泉水都不曾干涸,明正德年间的进士管律在《铁柱泉记》中写道,铁柱泉"水涌甘冽","日饮数万骑弗之涸,幅员数百里又皆沃壤可耕之地"。正因如此,奉命治理三边军务的刘天和主持修筑了铁栏泉城,将泉水包围在城中,不使鞑靼诸部抢夺水源,城池亦成了防御要塞,且修建得极为坚固,"环四里许,高四寻有奇,而厚如之",按现今标准计量,城墙高度超过 10 米。

　　然而,1960 年,当历史地理学家侯仁之先生来此考察时,铁柱泉城已被流沙包围,"⋯⋯高大的城门门洞,大半已被沙湮⋯⋯瓮城之内,积沙亦多⋯⋯至于围筑城中的铁柱泉,已渺无踪影⋯⋯城北有流沙成带,向东偏北方向延伸。城下东北及西北两处,都遭流沙侵袭,个别地点,积沙几与城墙等高⋯⋯"触目所及,皆是一片荒凉凋敝。

2003 年春，特大沙尘暴袭击花马池
镇长城村北园子自然村。供图 / 盐池
县委党史研究室

风

专家指出，盐池地区沙漠（流动沙丘）出现的时间点约在 1540 年，在以后的 400 年间，土地沙漠化扩展得很快。20 世纪 60、70 年代，盐池县的沙化面积已达到全县总面积的 30% 左右，形成了 5 条长 10 千米左右的流沙带。

地表细颗粒物质损失、土地质量下降；生态环境加剧恶化、生产条件降低……土地沙质荒漠化的危害，每一句表述，都是自然的哀痛。

然而，何以至此？

成因

不得不承认，毛乌素沙地对盐池的影响极大，"毛乌素"在蒙语中意为"坏水"，正是它为这片土地带来了丰富的沙源。土壤中富含沙粒，加上大风的助力——"一年一场风，从春刮到冬"，盐池全年多半时间都刮着强劲的西北风，尤其在春冬，此时土壤疏松干燥，植被稀疏，沙质地表极易被大风吹扬，细细的沙尘落满了家家户户的灶台、床铺、桌椅……扫不走，吹又来。

不过，"风吹沙子跑，地上不长草"并非完全因为自然环境。人类的农牧业发展往往伴随着森林、草原的破坏，人为因素导致了土地被过度利用。花马池一带草原的开垦，从明朝弘治年间就已开始，虽然当时土地尚肥沃，但地广人稀，采用的是粗放式耕作，没几年就因肥力消耗而撂荒，再加上过度的利用与樵采，终于使得贫瘠的土地不堪重负，造成了土壤进一步沙化。所以，自明中叶以后，花马池的沙化景象便屡屡见于记载。

进入现代社会后，这个现象更加严重，其中一个重要原因就是人口的急剧膨胀。联合国曾于 1977 年提出：干旱区和半干旱区人口密度不应超过每平方千米 7 人和 20 人。1949—1996 年，盐池县的人口密度从每平方千米 4 人增至 22 人，可想而知，人们对于粮食、肉类、饲料、燃料等生活物资的需求也相应增加了数倍。即使不具备开垦条件，人们仍在沙荒地进行种植，使得地表原生植被和土壤结构被破坏。地表直接裸露于狂风之下，风蚀又加剧了土壤养分流失，令土地荒漠化程度一步步加剧。

而对于土地的另一重打击则来自畜牧和采樵。

盐池是宁夏唯一的畜牧县，当地老百姓千百年来最熟悉、最擅长的活计就是养羊，滩羊的美名早已传遍南北，是极为珍贵的地方绵羊品种。对于一个区域的草场而言，面积和产草量是相对固定的，因此可以供养的牲畜数量也是相对固定的。根据研究资料显示，20 世纪 70—90 年代，盐池县的草场载畜量一直处于超标状态。此外，老百姓都是靠挖甘草、打麻黄来增加收入；靠砍伐沙蒿、白刺、盐蒿等植物来取暖、烧炕、做饭……

很快，当地陷入了一个恶性循环：一方面为了生存，过度利用，导致作物减产，草地退化；另一方面，愈发恶劣的环境更进一步加剧了贫困。

沙尘暴渐渐成为盐池人记忆中的
场景。摄影 / 王鹏

"三北"工程与哈巴湖的嬗变

实际上，盐池人想制服流沙，在沙地上种出一片绿的梦想一直都不曾放下。20 世纪 50 年代起，人们就在房前屋后尝试种树，但没有成果，既缺乏科学的植树方法，自然降雨量又极少，三两年的光景，小树苗就被沙子埋了。人们慨叹：种活一棵树，比养活一个娃更难。国营林场是当时植树造林的主力军，主要种植能防风、防沙的防护林，可同样囿于树种单一、规模小、布局分散等困境，始终未能改变"沙进人退"的局面。

一切的转折点集中在了 1973 年，这一年，声名赫赫的"三北"防护林体系建设工程正式拉开序幕，从此彻底改变了盐池县乃至整个宁夏回族自治区的面貌。

"三北"防护林体系建设工程是指在中国的西北、华北和东北建设的大型人工林业生态工程，从 1978 年开始到 2050 年结束，分三个阶段八期工程进行建设。其面积占我国陆地领土面积的四成以上，包括 13 个省（自治区、直辖市）。盐池县是"三北"地区沙漠化、水土流失最严重、生态最脆弱的地区之一，也是"三北"防护林工程中受益最多的地区之一。四十余年间，盐池县的群

众和干部以极大的耐力和毅力，投身于这一场改天换地的植树造林建设中。

1979 年，盐池县规划建设一个占地 800 平方千米的带状林场，形成一条状如臂弯的生态包围圈，正好将受三条流沙带影响最大的北部和中部 5 个乡镇牢牢护在其中，这便是哈巴湖国家级自然保护区的前身——盐池县机械化林场。

满头白发、身材高大的老场长牛惠民回忆起当年种树的情景时，会时不时地停顿片刻，喃喃自语："那可是真苦啊。"虽然名为机械化林场，但基本上仍然依赖人力。光秃秃的沙丘连绵起伏，黄沙直没到膝盖处，

运送树苗和水的车辆深陷其中，无奈只能用人扛驴驮，举步维艰，将一捆捆沙柳、柠条运进沙窝深处，在事先扎好的草方格里挖出一米多深的坑栽种。林场职工往往早出晚归，每天早晨天不亮就出发，带着馍馍和水，背着几十斤的树苗，往返数次，一干就是一天。男人们的嘴唇干裂了，结着血痂；女人们的脸被晒得脱了一层又一层皮……

当时采用的是乔木、灌木、草相结合的造林方式，以灌木为主，大面积种植沙柳。"沙柳条子有 60 厘米长，因为风沙太大，白天栽上，晚上一场大风，就全给吹出来了。后来，我们改成 80 厘米到一米，吹掉一部

盐池县湿润型流动沙丘造林典型设计示意图

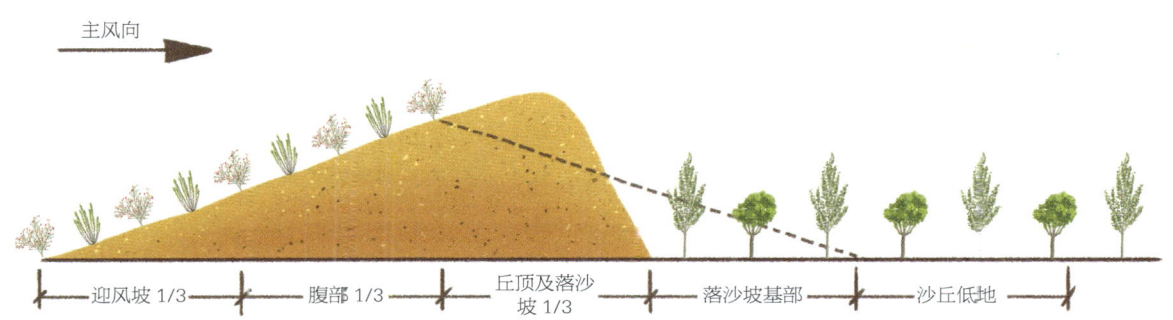

主风向 →

| 迎风坡 1/3 | 腹部 1/3 | 丘顶及落沙坡 1/3 | 落沙坡基部 | 沙丘低地 |

第一期固沙

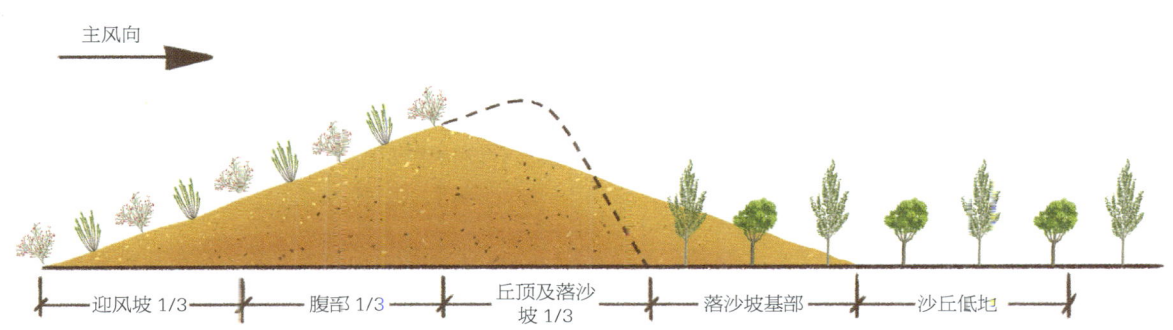

主风向 →

| 迎风坡 1/3 | 腹部 1/3 | 丘顶及落沙坡 1/3 | 落沙坡基部 | 沙丘低地 |

第二期固沙

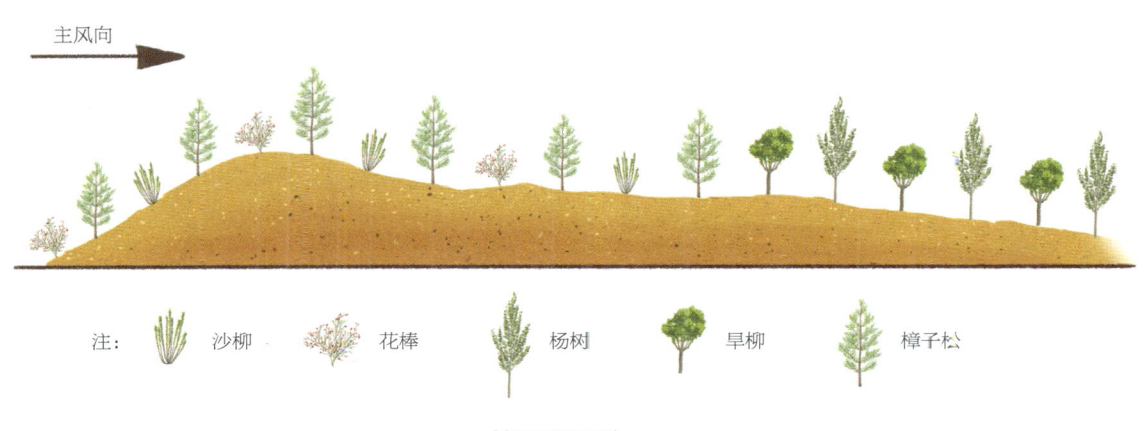

主风向 →

注: 沙柳　花棒　杨树　旱柳　樟子松

第三期固沙

插画 / Lanski

分，大部分还在下面，可以成活。"牛惠民说。他们把这个自创的方法称为"深栽沙柳"，可令沙柳的成活率和生长量大幅提升。

而草方格的推广应用，真正让他们在植树造林中感受到了科学的力量，他们在沙化最严重的高沙窝、苏步井等乡镇尝试草方格固沙法，大获成功。由于大风主要在距离地面10厘米左右的高度内搬运沙粒，因此用麦草在沙面上扎成一米见方、高20厘米的方格，便可以有效阻止沙粒的迁移。再在方格内播撒种子，浇水灌溉，经过几年时间，麦草腐化后，沙地里就长出了花棒、羊柴等灌木，沙化区域在人工维护下完成了土壤再造。如今，行走在盐池北部地区，会看到道路两旁曾经寸草不生的沙丘已覆盖了密密匝匝的浅草，柠条、红柳、小叶杨、樟子松、山杏……枝繁叶茂，有些已近二十年树龄，它们都是在麦草方格里扎下的根。

许多人也像这些树和灌木一样在林场扎下了根。

"我父母都是银川人，20世纪50年代刚结婚，我爸就通过林业部门招工到了盐池。那会儿没有汽车和火车，我妈牵着一头毛驴，和我爸一路走到盐池，走了五天五夜。晚上就生堆火，啃几口干粮，睡在野外。到了盐池，我妈腿都肿了。"唐少兵一边给花坛培土，一边对我说，"我家四个孩子，都在林场长大，我算是'林二代'吧。"他有着黝黑的面容，双手粗糙，那是林场人长年日晒风吹下劳动的特有标志。他的父亲唐学忠后来做了林场副场长兼技术员，他长大后也像父亲一样，成为了一名林场职工，植树造林。一晃五十几年过去，林场已经转型成

为国家级自然保护区，唐少兵也到了快退休的年纪，他每天还在看护着他和父辈们亲手种下的那些树与灌木。

唐少兵开车带着我在总面积达840平方千米的哈巴湖保护区内穿行，当年种下的榆树、槐树已经长成了林荫大道，投下一片清凉。一望无际的沙地上，全是一人多高的柠条，绿叶间缀满黄花。

由于沙质土壤空隙较大，降水几乎全部渗入地下，几乎不形成地表径流。但是在沙地地势低洼的丘间低地，往往会看到地下水出露形成的湖泊和湿地，哈巴湖就是与沙相伴的一面湖水，曾清波荡漾，林场的孩子们喜欢夏天时在湖中嬉戏，捉鱼捞虾，后来一度干涸。如今，靠着地下水和黄河水的补给，它又恢复了往日的模样。岸边的芦苇丛中，传来水鸟的啼鸣，一只凤头䴙䴘正在它的小巢中安静地孵蛋，路边的灌木丛中不时有野鸡扑腾而起。在南海子，能看见大小不一的水泊在阳光下闪亮，当生态环境慢慢恢复之后，这些零星的水泊也就自然形成了，水量丰沛时，更多的鸟儿便栖居在此。我身处其间，一时忘了这片绿洲曾是盐池中部最大、最荒凉的流沙带，忘了这片湿地曾经消失无踪。

唐少兵平时会观察、拍摄各种动物并上传到保护区监测系统里，这既是他的工作，也成了他的乐趣。"我以前看到眼睛又大又圆、嘴像弯钩的那种鸟，都管它叫猫头鹰。现在知道啦，猫头鹰也有好多种，雕鸮、仓鸮、长耳鸮……"他不仅认识了鸮，还有草原雕、大鵟，甚至极为珍稀的秋沙鸭、青头潜鸭等等。保护区里动物的种类和数量都在

唐少兵在观测塔上观测 林场植被和鸟
类活动。

左图：斑嘴鸭；右图：遗鸥
供图 / 宁夏哈巴湖国家级自然保护区管理局

快速增长，"獾、兔子、狐狸，多得不得了"。去年，他不得不消灭了许多四处打洞的鼠兔，以免破坏土壤结构。这也意味着他的工作职能已经从过去的植树造林，转变成了保护湿地与荒漠草原生态系统的平衡。

如今的哈巴湖保护区，林地面积占土地总面积的 95% 以上。"现在要找到一块流动沙丘都很不容易了，"唐少兵感叹，"真是前人种树，后人乘凉啊。"他指着身旁一棵粗壮的柠条，说："你看我们当年种的这些柠条，起了大作用了，它就是防风固沙的主力树种，长大之后，五到八年一平茬[1]，打下来的枝杈还能当羊饲料。"

盐池县林木面积的 80% 都种植了柠条，所到之处，放眼皆是。对于这个治沙"小能手"，每个盐池人都会念及它的好。

从纯林种植到物种多样性

几乎整个西北地区的防护林都能见到柠条的身影。它有着极强的生命力和抗逆性，在生境严酷的地区，高大的乔木和其他灌木型树种很难成活，柠条却可以扛受 50 摄氏度的高温、零下 30 至 40 摄氏度的严寒，一丛柠条阻挡积沙厚度可以达到 6—7 米，固沙量达到几十立方米，发达的根系用不了几年就能分化成几十至几百根，在沙地上迅速搭建起一个生机勃勃的生态小环境。

宁夏农林科学研究院林业与草地生态研究所研究员、防沙治沙研究室主任左忠，和柠条打了二十几年交道，如今却越来越想替换掉它。

我们来到高沙窝镇天池子林场一处由左忠负责建设的监测场，这里会监测主要造林

---

1. 即剪除苗木的地上部分，以促进根系发展，提高生长能力。

树种的耗水量，到让人更加直观地感受到柠条的强势。实验地里分格种植着樟子松、蒙古羊柴、花棒（细枝羊柴）、柠条、沙木蓼等植物，在隔离外界其他水源，仅有自然降水的条件下，工作人员会观测土壤水分和植物的生长情况。方格里，大部分植物要么已经枯焦，要么萎靡不振，左忠指着完全旱死的樟子松说："这两年盐池大旱，樟子松前年就死掉了，我们掌握了它致死的临界土壤含水量，在七、八月份，只要保持4%—6%的含水量一段时间，它就会枯死。今年，蒙古羊柴和花棒也死了。只有柠条还好好的。"他回身望了望那株开满黄花的柠条，呵呵笑道："这虽然是个微观实验，但也是宏观世界的反映，能解释为什么在盐池看见最多的是柠条，而不是其他这些植物。"

左忠长期致力于沙区植物资源的开发与利用，在他看来，盐池县从20世纪80年代开始大面积种植柠条，随着时间推移，单一造林的弊端已经变得十分突出。他举了一个例子："我们西北地区的防护林，最早是大规模种杨树，因为杨树的生长速度是很快的。但是，天牛迅速来了，只一两年时间，就把宁夏平原的防护林一扫而光。"这场发生在20世纪90年代的天牛灾害，使得构成宁夏第一代林网的8000万株杨树遭受毁灭性打击，不得不全部砍光。这正是植树中常被人们忽视的一个生态学原理——"单一性导致脆弱性"所造成的后果。而现代林业思想的核心，则是要维持森林的复杂性、整体性和健康状态。

"那你们有没有找到更合适的替代植物呢？"我不禁好奇。

"这些年我们一直在找西北地区的乡土灌木，也发现了一些较好的植物，但是……"他顿了一下，"完全替代也有问题。不过，这肯定是未来发展方向，必须要实现物种多样性。"

在盐池县城北花马池镇郊外上土沟村，左忠和他的团队打造了几百亩生物多样性示范林。走在林区，脚下红色的砂岩土比沙地还要贫瘠，每一步都会扬起一团小小的尘沙，但是平整过的道路两侧却遍植行距规整的榆树、沙拐枣、长梗扁桃等，林下生长着参差不齐的禾本科、豆科植物，林地间铺设了长长的滴灌管道。

"这里起初是块很大的流动沙丘，去年栽种时，沙尘很大，50米开外就见不到人了。但是种了植物之后，它就开始自然地改善了。这里的沙土会慢慢变得松软细腻，富含有机质。"左忠望着迎风招摇的绿叶，难掩眼中的欣喜。

示范林采取乔、灌、草混交，引进了28种灌木夹杂其间，沙拐枣、金露梅、霸王、四翼滨藜……左忠依次指点着。四翼滨藜原产美国中西部高原，适应的土壤条件很广，既耐旱，又耐盐碱。"它结的果子很漂亮，有四个小翅膀。饲用价值比柠条高得多。况且它本身是盐生植物，在沙地里活得这么好真不容易！"左忠说道，顺手从身边一株灌木上揪了片狭长的叶片，教我们辨识："这是'霸王'，别听名字这么霸道，蒴果像榆钱一样；还有沙拐枣，它开花也很好看，红、白、黄都有，它的果子圆圆的像个小球，这是为适应在沙地远距离传播种子而自然选择的结果，除了生态防护、饲用价值外，也

宁夏荒漠植物

制图/吴立影　文字、摄影/秦树高

草

【沙蓬】
流动沙地的先锋植物

【甘草】
调和诸药的"众药之王"

【披针叶野决明】
植株有毒却可入药

【荒漠黄芪】
花冠淡黄可作饲草

【砂珍棘豆】
花球艳丽荚果玲珑

【沙鞭】
十分高大的沙地禾草

【砂蓝刺头】
沙地里的"小刺猬"

【银灰旋花】
沙地里的迷你喇叭花

灌木

【黑沙蒿】
果胶可固沙，花粉却致敏

【小叶锦鸡儿】
优良固沙灌木

【细枝羊柴】
皮斑驳、叶退化、花美丽

【猫头刺】
花朵生于尖刺之间

【蒙古羊柴】
花朵紫红枝条翠绿

有很好的观赏价值。而且，它们和柠条一样耐旱。"

他也重视造林的经济效益，精心栽种的沙葱已经冒出了细长而圆的小芽；一行行大葱顶着花儿，长得有半人高；还有尝起来微微有些辛辣的沙芥也抽出了嫩叶；就连种榆树的初衷，左忠也是想着如果遇到极端情况榆钱儿可以救荒。他还想再种点罗布麻、乳苣、车前草，这些在这里成活都不成问题。

放眼望去，这片物种多样的群落，宛如一个功能更加完备的地上地下立体防护体系，既能减少高温、大风对水分的消耗，阻止地表沙的流动，乔、灌、草错落有致的配置也使它更具有观赏性。

左忠老师的同事——季波博士也在致力于寻找优良的牧草，来修复、改良退化的草场。

在大水坑镇的宁夏农林科学院荒漠草原生态修复野外定位观测区，14万平方米的实验地长满了茸茸绿草，一眼望不到尽头。而基地的围栏之外，黄色的小山丘仍裸露着。

"盐池近几年干旱严重，但是你看，我们围封区还是绿绿的，和外面的山头相比差异特别明显。"五月的阳光和大风十分猛烈，季波戴着帽子口罩，把自己包裹得严严实实，冒眼处仍显露出风沙磨砺的痕迹。她和她的学生们在这里针对生物生产力、养分循环、水分循环、能量平衡等进行长期监测，盐池县政府希望他们能研究、制定出合理的利用方案，既不破坏草原，又让草原的价值得到体现，把生态保护和生产生活结合起来。

羊是盐池无数家庭的重心，保护脆弱的生态环境又是整个盐池的重心。季波一边心疼好不容易封育长成却被羊群啃光的草场，一边记挂养羊户的生计，如何找到一种平衡，成了她目前科研工作中最重要的一部分。

脚下那些极为纤弱、貌不惊人的野草，似乎都在这片苦旱之地忘我地活出了坚韧，而季波和她的团队还在挖掘它们的潜力。经过对几十种国内外草种的反复观察试验，他们确定了三种恢复荒漠草地生态系统的"主力军"——蒙古冰草、草木樨状黄芪、牛枝子，都是宁夏的乡土牧草。

蒙古冰草（沙芦草）这种旱生植物，早春萌发后鲜嫩可口，羊群特别爱吃，是优良的牧用禾草，而且它具备很强的固沙能力，适合用来改良沙地草场。季波蹲下来，将一株小小的蒙古冰草连根拔起，"看，它的根上还有沙套[1]，有了这个小沙套，在土壤水分缺少的情况下，它能更保水。另外我们还观察到，雨季来时，将蒙古冰草和其他植物种子同时播下，别的种子都是机会主义者，见水就立马发芽，可是后期不下雨，水分跟不上，它们就枯死了。但蒙古冰草不同，它要完全适应后才发芽，是个务实派。"

左忠和季波同样都是务实的宁夏人。年少时，终年的风沙占据了回忆的全部，他们后来不约而同地选择了与沙漠治理、干旱地区草地生态研究相关的专业，希望为家乡的改变尽一份力。几十年过去，他们日复一日

---

1. 沙生植物根系分泌物胶结沙粒形成的套状结构，可以减少失水。

腾格里沙漠退耕还林对照区的生态监
测场。野外定位监测需要持之以恒，
尽管数据可以通过网络传回，但科研
人员仍需每隔一段时间到实地检查设
备，观察植物、土壤实况。摄影／左忠

哈巴湖国家级自然保护区范围内植被
覆盖率达到 85% 以上，曾经大面积的
流动沙丘都被植被覆盖。摄影 / 王鹏

治沙、造林、恢复荒废的草地，看着山原一点点恢复了绿色，那个曾经让人心疼的故乡终于渐渐呈现出了他们理想中的模样。

沙泉湾

在盐池，沙泉湾是一个屡屡被提及的地名，宁夏盐池毛乌素沙地生态系统国家定位观测研究站正建于这个当初连名字都没有的小地方。它既是国家级观测站，又是展现盐池生态景观变迁的一座"微缩公园"。二十年来，一批批北京林业大学的师生在这里进行荒漠化防治科研实验与观测，承担各类国家级课题，获得了许多国家专利授权，成果丰硕。

年过五十的护林员刘世均几乎是从建站初期就和这支科研队伍打成了一片。平日里，他买菜做饭，一日三餐，蒸炒煎烙，无微不至；师生们开展实验，他会去帮忙种草植树、添加水氮；水泵、发电机坏了，他会去帮忙修理；他还得时时防着当地的羊偷偷溜进围栏"搞破坏"。每天事情挺繁琐，但他一点不嫌烦，他喜欢和这群朝气蓬勃的年轻人一起在野外工作，时间久了，那些专业术语、实验数据渐渐融汇进了他的头脑里——他也拥有了自己的"知识库"。

"这里生长的植物，我基本上都叫得出名字。"老刘站在监测塔下的小山丘上，指了指方圆数百亩的土地，语气中略略有些骄傲。就连观测站的创始人之一张宇清教授也认真地说："对，老刘现在算得上半个植物专家了。"

← 张宇清和研究团队成员在沙泉湾站点。

↓ 叶片检测实验。

张宇清也是盐池人，虽然在外求学多年，一张口，普通话里还是带着浓郁乡音。谈及建观测站的初衷，他的想法相当朴实："我在这里上小学的时候，风沙特别大，几乎人人都害沙眼病，男孩子都得戴纱巾，不然嘴里全是沙粒儿。后来我就想，有没有一个专业能解决这个问题？于是懵懵懂懂就学到了今天。"从盐池出发去寻求治沙答案的张宇清，如今已是北京林业大学水土保持学院教授，工作的时光都投入了荒漠化治理的研究中。

他踩了踩我们脚下那条通往测量塔的方砖路："这条路，是我们当年亲手铺成的。那时候一到周末，我给学生上完课，就坐飞机到这里，带着学生搞基建。那会儿，这里是一个在地图上都找不到的沙窝子，连名字也是我们后来给取的。周围全是裸沙，就零星分布着一点油蒿（黑沙蒿）。"我们望望四野——已经没有流沙了，樟子松、云杉、柠条、羊柴、蒙古冰草……以各自的绿，遍布于沙地。只在一张 2005 年的卫星影像图上，还能见到当年的景象：除了一小块地方是绿色，其余全是黄沙。而现在，整个主站区仅保留了一小块沙丘用作实验地，其他区域已蔚然成林。

他带着掩饰不住的喜爱，将沙泉湾形容

师生们在沙泉湾野外环境中做生物土壤结皮固沙试验——通过添加不同组合的微生物，来进行比对，找到加快土壤结皮的办法。在没有人为干预的情况下，荒漠中形成薄薄一层土壤结皮往往需要数年时间。

成盐池的"后花园"。这里并不等同于人工营造的园林景观，而是采用了一种生态建设模式：在弄清自然界的自我恢复机制之后，用"nature based solution（基于自然的解决方法）"，以较快的速度恢复生态。因为遵循自然进化、选择的规律，适应当地的气候、土壤和水分条件，所以它最终恢复的结果是稳定的。

我们的视线范围中有一棵枯死的羊柴，焦黄的枝叶在一片新绿中格外惹人注目，周围的几丛灌木也处于半死的状态。张宇清教授指着它们说："看，我们的'后花园'并不美，2017 年种下的一批灌木已经全部死亡，但这就是自然演替的结果，也是我们想要的结果。"在这片封闭的区域中，他们先种植大量灌木进行固沙，利用它们进行环境改善，漫长的改善过程中，草本群落逐渐兴起，而灌木则慢慢地退出历史舞台，这片区域于是从最初的状态开始演变，最终恢复到当地气候土壤条件下的顶级群落，即生态演替的最终阶段，也是最稳定的群落阶段。

如何利用科技手段缩短漫长的演替进程，正是北京林业大学科研团队研究的课题。

北京林业大学水土保持学院的青年讲师冯薇，曾经担任过"毛乌素沙地地衣结皮层微生物群落结构及其固碳功能"项目的负责人。她的实验地被分成了好几个小块，每块的微生物种类不同，对于沙地产生的作用也不一样。这些看不见的微生物会将土壤中的磷、钾解析出来，再通过复杂的地下生物系统，供给植物生长。"只要微生物存在，土壤肥力就一定会得到改善，因为它是固碳的。它一方面可以保水，另外对水分的蒸发也有抑制作用，我们把它称为'沙漠卫士'，或者'荒漠生态系统的工程师'，它在地表起到了非常重要的作用。"

在一块标记着"荒漠藻 + 沙蒿胶"的地块前，可以看到，实验方格内贫瘠的沙地上已经形成了一层薄薄的黑色的"干皮"，固定住了松散的沙粒——这就是由各种藻类、地衣和微生物形成的生物土壤结皮。如果把它们放在显微镜下观察，会发现那些沙粒犹如石块，上面被许多绿色绳索状的物质捆绑着、缠绕着，将它们连系起来。

土壤结皮又被称为"沙漠皮肤"，因为它处于存活的状态，可以像皮肤一样呼吸、排泄、生产，维护荒漠生态系统的稳定性，并且能进行光合作用，自力更生，自给自足。结皮出现后，不仅可以固定流沙，土壤也会变得越来越肥沃。可是，自然条件下生成结皮极其缓慢，条件恶劣的话，可能需要数十年甚至数百年才能生成，而且非常脆弱，只要人类或者牲畜闯入它的领地，踩踏一脚，略有起色的植被马上就会开始退化。为了找出能让土壤快速结皮的微生物，冯薇和她的团队不断地筛选、培育、观察，无数次失败，又从头再来。做了好几年的实验，目前也只筛选出五种。"最主要的困难是，环境稍微一变，有的微生物就不长了，只能一点点试，一点点改进。"

科研团队将微生物用于荒漠防治的实验搬到了野外沙地，看它们如何应对没有人工干预的自然环境。这片区域此前自然条件十分恶劣，几乎全是裸露的明沙丘，干旱少雨，紫外线异常强烈。他们筛选了几种固氮、解磷、解钾的微生物，再在流动沙丘的迎风坡

这两张是沙泉湾地区的卫星遥感图。两张图清晰地显示了2005年（左图）和2022年（右图）沙泉湾地貌和植被覆盖率的显著变化。供图／北京林业大学盐池生态站 赵媛媛

上种草方格，播撒种子，添加固碳剂，结果令人欣喜：半年就实现了沙面覆盖，当年植被覆盖率达到了45%。

张宇清教授感叹，土壤微生物种类如此之多，功能如此之强大，而人们对它的了解还不如对宇宙的了解深入，尽管现在微生物技术已经开始运用在生态修复上，但是还做不到大范围地推广应用。然而地球上最大的生物多样性宝库是属于微生物的，这个神秘的微观世界蕴藏着盐池的未来——荒漠以最快的速度生成结皮，长出绿草，随后各种植物落户安家，"等枯枝落叶铺满地面，踩上去也踩不到结皮，而是松松软软的一层草

就再也不会有沙尘暴了。"张宇清微笑着，仿佛眼前已是那样的图景。

关于风与沙的过去，大概从此只会出现在盐池人的口述与曾经的卫星影像图中。令我难忘的是车行途中，路边砖墙上一闪而过的几个大字：要像爱护眼睛一样爱护环境。而在此之前的很长一段时间里，人们与自然的关系偏离了那条名为"自然规律"的轴线，因此不得不从头学习如何种一棵树，造一片林，拦住一座沙丘。漫长的修复过程是一个树立认知和调整行为的过程，从拙到精，从茫然到理性，盐池终于探索出了属于自己的前行方向。

采访手记：从白春兰的故事说起

在盐池，几乎每个人都知道白春兰，这位几十年如一日、将不毛之地变为绿洲的治沙英雄，她的故事和盐池人的群体记忆息息相关。

1980年，横亘盐池县的三条沙带仍在，白春兰和丈夫冒贤从花马池镇冒寨子村搬到了一棵树村，这个自然村正位于盐池最北边的沙带上，且紧挨毛乌素沙地。最初，那时的一棵树村其实一棵树也没有。1984年，在白春兰夫妇的坚持和努力下，这片土地破天荒地结出了小麦。此后，夫妇俩又开始摸索更有效的治沙方法，创造了"以草挡沙、以柳固沙、栽树防沙"的"三行制治沙法"。20年来，二人治理沙漠2300亩，种植乔木5万余株、灌木1200亩，巩固草场1000多亩，育苗100多亩，昔日寸草不生的土地有了绿色。我们来到这里时是五月，虽然未到草场绿意盎然的时节，但在无人机的全景镜头下，已能感受到沙地下积蓄的蓬勃生机。

起伏的沙丘早已停下了流动的脚步，远远望去，天地浩渺；低下头来，一点可爱的绿色迎风而立。白春兰在这片曾经的沙海中留下了太多喜悦和悲伤，丈夫冒贤积劳成疾，年仅47岁便因病去世，和她一起种树的大儿子也在2007年离世。白春兰忍受着巨大的悲伤，继续守在丈夫、儿子与她一起植下的绿林边。

在盐池人的叙述里，我们听过太多风沙肆虐的回忆，也听过自20世纪70年代开始人人参与治沙，"树苗倒了再种"的集体记忆。直到今天，每村每户仍然保持着每年植树的习惯。在这里，治沙不仅是相关部门或专家学者的工作，也是盐池每个人的日常和家族记忆，治沙已融入盐池人的生命故事里。年年岁岁，盐池人一点点改造着自己的家园，这片绿色中，有他们的历久弥坚，有他们的梦想和期盼。我们在盐池遇到的每一张笑脸上，每一句朴实无华的叙述里，都闪耀着他们作为这段治沙史的亲历者和书写者的精神与自豪。

↑　白春兰走在林场刁。摄影 / 王鹏　　　　　　　↓　沙边子村白春兰治沙基地。摄影 / 薛月华

秋季，哈巴湖的自然景观迷人。几十年前这里曾遍布流动沙丘，现在的景观来自三代林业人的努力。摄影 / 马福戌

盐池能源变奏曲：
向新向绿向未来

撰文
舒泥

摄影
冯大伟 等

作为宁夏的能源大县，盐池县石油和煤炭储量丰富。近年来，又在青石峁和定北区域探明两个千亿方级大气田，天然气的远景储量高达 8000 亿立方米。

盐池县不仅传统能源储量巨大，新能源产业也在"追风逐日"中实现"风光无限"。县北部干旱少雨的地区建起了太阳能发电站，光伏板能减少阳光对地面的直接辐射，庇护更多的植被生长，人们探索出"光伏＋养殖"的共赢模式；而南部山区遍布着大型风机，源源不断地提供着清洁、高效的电能。

如今，盐池县聚焦煤、油、气、风、光"五项全能"，构建"风光火储输"多能互补的新能源格局。作为西北"风口"的盐池，正在从能源大县迈向新能源强县，从而激发新动能，赋能新发展，引领新未来。

光伏与风能：如何"追风逐日"？

夕阳下的高沙窝镇，闫涛正沿着光伏发电站园区的道路跑步，这是他在"中国民生投资股份有限公司（简称"中民投"）宁夏（盐池）新能源综合示范区"工作的第六个年头。从项目建设到运营维护，再到光伏小镇落成，他陪着这个园区一路成长，看着它从一片荒凉的沙地变成一个巨型太阳能电站。他喜欢这份工作，这里广阔、安静、清洁、人烟稀少，又有现代化的便捷和舒适。

这个占地约 31 平方千米的光伏电站总规划 2GW（1GW 相当于 1000 兆瓦），已完成一期建设 1GW，它曾坐"世界最大单体光伏电站"交椅好几年，近期才被青海一家企业超越。高沙窝镇位于盐池县西北，这里干旱少雨，日照时间长，发展太阳能有得天独厚的条件。开车行驶在太阳能园区，光伏板在开阔的土地上略有起伏，像一排排的海浪一样，甚为壮观。

发展光伏发电一直存在一些争议，比如占地、投资回收、发电效率等。在火电厂，巨型的锅炉推动轮机转动，雷霆万钧，而在光伏电站，单晶硅或多晶硅的光伏板一声不吭地静立于阳光下，它真的能发很多电吗？这样的电能真的可靠吗？

盐池县，古老的黄土与现代化的大风车、光伏板，共同构成了新的地域景观，上演了"追风逐日"的新能源奇景。摄影/马福成

盐池县高沙窝镇，中民投宁夏（盐池）新能源综合示范区航拍图，光伏面板整齐排列，形成了一片蓝色的"海洋"。

闫涛很有信心地说："当然能！"这个太阳能电站刚投产时电价贵，效益很好，近来同类企业兴起，竞争对手多了，为了让发出来的电不至于浪费，园区正在兴建大型的储能设备。

和光伏存在同样疑问的是风能。大风车在微风的天气里缓缓转动，这样的发电量真有可能取代火电吗？青山乡国华风力发电站的杨辉介绍，他所在的风电场有超过一百个大风车，2018 年投产并网，风机的设计使用年限是 20 年，把成本分摊到 20 年中，计算每年的收益，风电场第一年就已经实现盈利，并且给地方创造了税收。

新能源有两个优势，一个是用人少，青山乡的这个风电场设备运转和发电量的监控都在银川公司内，场区只有 15 个运维人员，负责日常检修。同样发电量的火电厂需要100 人以上，风电人均产生的效益至少是火电厂的 10 倍以上。

二是投入少。风电只是一次性投入，风车只要立在那里，无需燃料就能发电，而火电却一直要烧煤，成本非常高，煤一涨价企业利润就会降低。杨辉说："风力发电的好处是它不排放二氧化碳、二氧化硫、氮氧化物等污染物，在风电场工作的人更能切身体会什么是清洁能源，最主要的就是什么也不用烧了，又便宜又干净。"

建风电场需要挑选地理位置，风车的间距也有要求。建场之前，都要在当地立测风柱，对整年的风向、风速进行评估，并不是风越大越好。像青山乡的这个风电场，年均风速在 5 米 / 秒左右，是一个比较好的风资源区，风相对稳定，平时微风的天气（风速 3 米 / 秒），风车缓缓转动，就可以发电。要是赶上暴风沙尘的天气，风机还需要停机。

据盐池县资源能源开发服务中心的副主任王强介绍，盐池年太阳总辐射为 5740 兆焦 / 平方米，光热资源丰富。截至目前，累计引进中民投等 13 家企业，开发建设光伏发电项目 17 个，完成并网发电 150 万千瓦；自 2010 年引进风电新能源项目，经过十余年的建设，已有 12 家新能源企业在盐池投资，建成风场 18 个，装有风机 1644 座，年并网发电 306 万千瓦。

这样的发电量早已超过盐池本地需求。盐池原本没有火力发电厂，缺乏电力外送的通道，如今所产的"风光"电能也就面临如何外送的问题。对此，国家设立了"宁电入湘"项目——建设通道，把宁夏发的电输送到湖南。一个县的新能源电能可以外送别的省份，足见其产能和利润都很可观。

发展光伏和风能都需要土地，而土地面积是有限的，所以提高发电效率就特别重要。光伏板的发电效率一直在提升，技术的更新速度不输电子产品的升级换代。如今中民投的光伏板也即将升级，新一代光伏板发电效率要高一倍，价格也更低；等到"宁电入湘"通道建成，电可以外卖后，园区的光伏板还会继续更新升级，以提高发电量。

不需要持续投入燃料是新能源的核心优势。另外一个优势就是运维成本低，既智能又环保，这才是真正的"绿色高质量发展"。

光伏与农牧：
开启"光伏+"共赢模式

无论是光伏还是风能，都存在占地的问题。在盐池的新能源发展中，光伏企业承担了很大的社会责任，于是政府与企业联手，探索出"光伏+产业养殖""光伏+村级扶贫电站""光伏+美丽乡村""光伏+金融扶贫"等多元化开发模式。

黄先生一家住在离光伏发电站园区不远的长流墩村，这是一个纯移民组成的自然村。村民原本的土地被征用后，电场将他们集中安置于此。农户出10万元，电场补充剩下资金，帮助每家都盖起了160多平的小别墅；村里水、电、暖全通，并建起了休闲广场和文化活动室，丰富村民业余生活。

黄先生一家就住在其中一栋别墅里，实际使用面积很大。一楼是大的起居室和厨房，二楼有两间卧室和卫生间。黄先生的儿子、儿媳都在电厂上班，儿子做保安，儿媳做保洁，两人的工资不算高，但在当地也过得去，比起从前放羊的生活要轻松稳定。老两口就在这小别墅里养老，对如今的生活很满意。

高沙窝干旱少雨，土地荒凉，不适于农耕，过去老百姓主要依靠养殖业生活，光伏发电站园区占了本地三个自然村的土地之后，对老百姓均进行了安置。对于没有波及到宅基地的自然村，也都给村民重修了房顶。现在行政村的村部就设在长流墩村，它包括好几个自然村。长流墩村有300多只羊，这些羊就在园区的光伏板下面吃草——开启了一种"光伏+产业养殖"的新模式。

产业园的光伏板架上去之前，会先条播上柠条。光伏板架好后，由于遮挡了部分阳光，板子下面的柠条长势反而会更好。柠条和其他杂草茂盛生长，到了秋天便会遮挡光伏板，影响发电，需要人工剪草。所以园区允许附近的牧民进园"轮牧"，羊群吃掉了多余的草，也帮园区节省了人工。

光伏发电站园区的建立，没有影响原来的牧业生产，而且还提供了更多的牧草。现在每天有十几群、约3000只羊在园区里吃草，这里的土地可让这些羊群循环"轮牧"。

为了支持当地牧业发展，中民投还向盐池县融盐扶贫担保有限公司注资2.5亿元，担保金主要用于支持企业、养殖户扩大规模、提高效率；并出资1.5亿元成立中民裕丰农牧业有限公司，为当地特产滩羊打造全产业链条。

中民投还建了一些村级光伏电站，发电收益会成为这个村的集体收入，拓宽了当地农牧民的增收渠道；在盐池南部的惠安堡镇，中民投还做了屋顶分布式光伏（以下简称"屋顶光伏"）示范区，给每家屋顶都装了光伏板，光伏发电上网，农牧民可以获得电费收益分成。

龚师傅在盐池县城跑出租车，他老家在盐池东南边麻黄山乡的山里。老家的收入低，孩子上学不方便，几年前，他们整村搬迁到县城附近的北塘新村。新村里给大家配备了住房和羊圈，每个羊圈上也装了光伏

↑　光伏园区的工作人员，通过无人机监
　　测园区光伏板的运行情况。

↓　新能源发电站需要的人力成本非常
　　低，管理系统智能又环保，只需一个
　　仪器就能监测光伏板上的温度。

板。每块光伏板每年给羊圈的主人分红1500元，让当地老百姓又多了一笔收入。

为了改善村里的取暖问题，北塘新村把屋顶光伏和"煤改电"结合起来，装一个屋顶光伏，便会补贴煤改电的装机费，这样很多人家也装了屋顶光伏。

实施煤改电，并不是说直接使用电加热，而是使用更节能的清洁能源来替代——先用热泵吸收空气能，再压缩后用以加热暖气管中的水，把热能送到各个房间。这种新的节能取暖方式在盐池各乡镇已经广泛推行。

高沙窝镇一位姓潘的村支书评价煤改电：干净、安全、省钱。空气能电热机的装机费用是2万多元，潘书记所在的村子补贴5千多元，北塘新村加装了屋顶光伏则补贴1万多元。改了电以后，房间里没有了煤烟，屋外不需要放煤堆，确实非常干净，而且温度稳定，家里也不用一直留人看火。

村民们都喜欢住独门独院，每户一个冬天的用电取暖的费用大概在3000元，比买煤低一些。北方习惯用炕，村民就把暖气管子盘在炕上，上面铺上褥子，形成了恒温又安全的新型暖炕。如果家里人少，可以用电暖器和水电暖的暖炕，一个冬天取暖费可能只需要500元，确实比烧煤的费用要低不少。

在盐池，新能源产业与民生福祉紧密结合。"煤改电""屋顶分布式光伏发电"等惠民工程，让群众享受到清洁能源带来的实惠；建"光伏＋养殖"生态牧场，提升畜牧业生产经营效益，真正实现了生态、生产、生活"三生"共赢。

盐池与化石能源：合奏"生活变奏曲"

盐池是个能源大县，除了新能源，传统化石能源——石油、煤炭、天然气的储量也非常丰富。过去很长一段时间，中国曾经被认为是贫油国，石油资源匮乏。1949年后，经过多年的勘探开发，发现中国的石油资源有几个主要富集区：一个位于东北平原到渤海湾区域，也就是大庆油田、华北油田所在地；一个位于新疆的塔里木盆地；还有一个位于中部地区，即鄂尔多斯、陕西到四川盆地。盐池就处在中部这个石油富集区。

1954年，中央派苏联、匈牙利专家来到盐池勘探石油，并成立石油勘探大队，宁夏的石油事业也是从那时正式开始。在盐池的荒原上，勘探队使用极为简陋的勘探工具，运输靠骆驼、毛驴、人抬肩扛。30多名勘探队员跋山涉水、风餐露宿，一干十几年。盐池早期石油工业的发展是可歌可泣的。

1968年，长庆石油勘探局在大水坑镇马坊村成功钻探一口喷井（盐九井），日产原油80多吨，有人将这口井誉为"宁夏石油产业第一口喷井""宁夏第一口功勋井"。当地老百姓高兴地编歌夸赞："盐池县，开发山，长庆进来把井钻。排字井，打个欢，一排就是几个眼。路修平，建基站，钻得黑油往上翻。"

盐九井的成功钻探拉开了大水坑镇石油开采的序幕，随后马坊油田、红井子油田、摆宴井油田相继被确认。大水坑镇所在的这片曾经荒僻的原野从此喧闹起来，长庆油田采油三厂也在这个地方发展起来。

盐池县花马池镇北塘新村，家家户户的屋顶都铺设了光伏板。该项目通过在居民的屋顶安装光伏组件，每年可以生产大量的绿色电能，并为村民带来收益分红。

"大水坑"这个地名今天听着有些缺少美感，但是当初，荒原上的一个"水坑"就是一个油井标志。早期的石油工人来到这片没有任何基础设施的荒原上，生活条件非常艰苦。人们在地上挖一个几平米见方的土坑，在上面架上木屋顶，铺好毛毡和草垫，就成了地窝棚。

随着石油工业的发展，大水坑镇有了数万石油工人。工业的迅速发展令大水坑镇成了当地最早通电的地方，工人们住进了有自来水、有电的房子。因为运输的需要，国道、省道都在这里布局，这里成了交通枢纽，进而有了繁荣的商业，还有了休闲娱乐场所，在当时最让人骄傲的就是电影院。到了20世纪30年代，这里已经成为宁夏很有特色的石油小镇。

工业带来的变化不只是外观的改变，也带来全新的思想观念。20世纪70年代，这里就有女子钻井队，对于性别观念较保守、妇女参与社会生活程度较低的西部地区来说，这无疑是一次观念上的革命。到了20世纪80年代，这里的青年也喜欢烫大波浪头、穿喇叭裤、听录音机、看录像——大水坑镇曾被誉为"塞上小香港"。

石油带来的除了经济发展，还有新兴的城镇，以及现代、时尚又便利的新生活。来自全国各地的数万名石油工人和大量技术专家、外地商人，为这片土地注入全新的工业思维和文明力量。

大水坑镇"因油而兴，因商而立"，在石油产业辉煌的时代曾经是盐池的时髦之地，也是名副其实的石油小镇。如今，这个小镇和县城那些新街区相比，略有些老旧和凌乱，显得不那么现代化了。但它却有岁月留下的历史痕迹和怀旧的烟火气。

近几年，盐池县又在青石峁和定北区域先后探明两个千亿方级大气田，天然气远景储量高达8000亿立方米。天然气的主要成分是甲烷，燃烧后产生二氧化碳和水，碳排放相对低了很多，废气少，是一种重要的清洁能源。

现在盐池的天然气勘探已经完成，开发在即。盐池县也正在积极布局，争取天然气的后续加工产业落户本地。同时，盐池还在推动煤炭资源的高效利用，提升装备水平，改革采掘工艺，实施清洁生产，加强矿区生态文明建设。

化石能源是盐池工业发展的基石。新能源的崛起，与传统能源行业所积累的经验和科技是分不开的。从荒原上的第一口油井带来的希望和欢乐，到如今遍地的大风车、安静又干净的光伏发电站园区，盐池的能源产业一路走过来，一步一步展现出新的面貌。

新能源与双碳目标：引领绿色新未来

人类文明的可持续发展离不开能源，随着煤炭、石油等常规能源储量越来越少，世界各国纷纷开始寻找能替代常规能源的新能源。与此同时，二氧化碳过度排放造成的全球气候变暖已成为一个世界性的挑战，因此利用新能源也是减少碳排放的重要途径之一。

21世纪以来，全球能源结构加快调整，碳中和战略目标加速了新能源时代的到来。

高沙窝镇牧民的羊圈上安装了光伏板。

截至 2023 年 10 月，全球已有 148 个国家提出了碳中和目标。2020 年 9 月，中国宣布了自己的"双碳"目标：2030 年前碳排放达到峰值，2060 年前实现碳中和。

关于中国发布的"双碳"目标，有人提出疑问：一是它能不能实现？在人类能源使用量日益增长的背景下，真的能实现碳达峰和碳中和吗？二是要发展就需要能源，碳达峰和碳中和会不会影响中国的能源产业发展，进而影响其他产业的能源供应？

从人类历史发展来看，通过技术革新，提高能源使用效率，实现节能是可行的。比如我们最初的白炽灯，亮度低，耗电量高，很多电量转化成热能散失掉了；后来出了荧光灯，但高频闪烁伤眼睛；现在有了 LED 灯，耗电量非常低，亮度也很好，人们在享受光明的同时减少了能源消耗。蒸汽机、内燃机、电机的迭代升级也是如此。

使用工具和火是人类区别于动物的重要标志，用木柴生火则是人类使用能源的最早形式。第一次工业革命以后，人类进入以煤炭为主要能源的蒸汽时代；第二次工业革命后，人类进入电气时代。同时，内燃机的发明又推动了石油开采业的发展。如今新能源的崛起，又让人类文明进入一个新台阶。

随着时代的发展，人类需要更好、更充沛的食物，需要更多样的消费品，需要更强的交通运输能力，这些都需要更多的能源。而今天，能源发展的一个瓶颈就是传统化石能源的碳排放过高，所以新能源发展成为迫在眉睫的全球议题。

2022 年 5 月，《关于促进新时代新能源高质量发展的实施方案》发布，其中提到：要加快推进以沙漠、戈壁、荒漠地区为重点的大型风电光伏基地建设；促进新能源开发利用与乡村振兴融合发展；推动新能源在工业和建筑领域应用；引导全社会消费新能源等绿色电力。

中国的西北地区日照充足，风资源好，地广人稀，是发展新能源的天然资源宝库。从盐池县的新能源产业就可以看出，发展清洁、高效的新能源前景广阔。

盐池县在新能源发展上积极布局，发挥了资源区位优势，契合当下绿色崛起、高质量发展方针，在今后的区域发展中有了底气，未来也有了无限可能。

盐池县高沙窝镇的滩羊。摄影 / 丁翔宇

地道风物

盐池县是中国著名的"中国滩羊之乡"。特殊的地理、气候、水质和草场，孕育出风味独特的盐池滩羊肉。盐池滩羊既是国家地理标志保护产品，也是六登国宴的羊肉"顶流"。盐池县持续推进滩羊高端化、绿色化、智能化、融合化发展，不断提于'盐池滩羊'品牌发展格局，"盐池滩羊"区域公用品牌价值已突破 106.82 亿元，对群众增收的贡献率超过 80%。

羊大为美：盐池滩羊如何"美"出圈？
寻味滩羊：盐池人的味蕾乡愁
荞麦：盐池主食江湖的主角
黄花菜：来自沙地的清甜滋味
二毛皮，如雪飞浪
盐池地毯，斑斓的柔韧

羊大为美：
盐池滩羊如何"美"出圈？

撰文
黄馨慧

摄影
冯大伟 等

盐池是宁夏的东大门，当人们从盐池的东侧进入城区，远远的就被一座巨大的滩羊雕塑所吸引，它矗立在数百级台阶之上，昂首挺胸、威风凛凛。一步步拾阶而上，越靠近雕塑，便越能感受到一种巨大的震撼。当站在雕塑下时，人更显渺小，都及不上它的一只羊蹄。

《说文解字》中说："美，甘也，从羊从大。"意思是"美"这个字由"羊"和"大"组成，羊大肉嫩便是味美，而"五味之美皆曰甘"。古人将"美"与味觉联系在一起，这也足以说明羊越肥越能满足人的需求，也包含着"羊大则美，故美从羊"的审美。

羊，是人类最熟悉、最亲密的动物之一，是游牧时代的重要图腾。盐池县将"世界上最大的滩羊雕塑"立在城市中，成为地标建筑，毫无疑问是"中国滩羊之乡"的自豪体现。

盐池滩羊为何会成为传奇一般的存在？带着这样的疑问，我们在当地展开深入采访，从牧民农户、生态牧场、繁育基地到大型集团和行业协会，试图去探索盐池滩羊产业的成功之道：盐池滩羊何以能"美"出圈，成为羊肉界的"顶流"？一只好吃的滩羊究竟是如何"养"成的？

滩羊好吃的秘密在哪里？

"盐池滩羊"，资深"吃货"一定对这四个字不陌生。2014 年，《舌尖上的中国》曾如此描述："黄河冲出了贺兰山，塑造了宁夏平原，几乎所有的中国美食家都认为，这里的羊肉质地最佳。""这里"指的就是位于宁夏东部的盐池县。滩羊是绵羊的一种，是蒙古羊在盐池特定的自然生态条件影响下，受到风土驯化，并经产区劳动人民长期精心选育形成的品种。随着纪录片的传播，盐池滩羊的知名度越来越高，许多城市的餐馆如果选用盐池滩羊，一定会在菜单上专门标注，将之作为高端与品质的代表。

盐池滩羊确实称得上是中国羊肉的"明珠"，只要品尝过，几乎没人不被它的美味所折服。

从口感上来讲，滩羊肉质非常细嫩，瘦

盐池县宁鑫生态牧场的跑道上，工作人员正在驱赶滩羊羊群"跑步锻炼"，以提高肉质品质。在牧场，滩羊早晚各跑一次，通过适当的运动量保持肉质紧实。摄影/王鹏

盐池县的地标建筑——大滩羊雕塑。
该雕塑长 12 米、宽 6 米、高 11.5 米，
入选吉尼斯世界纪录，是世界上最大
的滩羊雕塑。摄影 / 薛月华

肉率高且脂肪分布均匀，丰腴的同时又不会让人感到格外肥腻，且鲜少有普通羊肉那样恼人的腥膻味，却风味十足。

在吃法上，盐池人往往会告诉你"用清水煮就行""吃滩羊只需蘸点盐"。很难想象用清水来煮羊肉，甚至不用额外再放姜、酒等去腥——这些浓重的调料反而遮盖了滩羊肉本身的清新与香味。

导演陈晓卿在《风味实验室》中曾说，从各项数据分析来看，不管是纤维韧度、含水量，或是风味物质的浓度，西北滩羊都最好吃。

据营养学数据显示，滩羊肉的肌纤维细度大大低于一般羊肉，所以肉质细嫩、味美多汁；它的氨基酸含量又高出其他羊肉一大截，氨基酸等物质在高温下发生的美拉德反应正是肉香的重要来源；同时，滩羊肉中胆固醇和膻味物质的含量又很少。因此，不管是从哪个维度来评判，数据都肯定了盐池滩羊的美味。

几乎每个盐池人都会说，滩羊是"吃着中草药，喝着山泉水"长大的，这句俗语虽然简单，却颇能概括美味的成因。

滩羊好吃的秘密之一，就在于"滩"字——盐池位于独特的"宁夏滩"上，这里处于贺兰山脉东部与鄂尔多斯台地西缘之间，地势相对平坦，四面环山，奔腾的黄河水也在此放慢脚步。

另一个秘密藏在"盐"里：盐池的土地本就含有盐层和碱硝，再加上地处干旱地带，降水量小、蒸发量大，便形成了荒漠草原和底层土壤盐渍化地带。

当"盐"与"滩"两个要素组合后，这里便成为许多耐盐碱、耐干旱植物生长的沃土，如沙蒿、甘草、苦豆子、草麻黄、防风等，这些植物又基本可以入药。

所以，盐池滩羊吃的不止是普通的牧草，它们的日常口粮里很大一部分便是这些独特的草药。据统计，在盐池县，可作为滩羊食物的植物约有175种，这些植物会从土壤中吸收大量矿物质，这些物质能帮助中和滩羊肉的酸味。同时，这种"尝百草"的食谱，以及含有多种盐分的日常饮水，让滩羊肉累积了大量层次丰富的风味物质，深入羊肉肌理之中，从而造就了盐池滩羊独到而不膻的绝佳风味。

特殊的自然环境不仅造就了盐池滩羊独特的"里子"（肉质），也让它的"面子"（外貌）与众不同——鉴别滩羊的重要依据就是它们那标志性的大尾巴，圆滚滚的，下垂到后腿膝关节处，当地人将其昵称为"大屁股"。

其实，滩羊的尾巴大部分由脂肪等许多高热量物质组成，能像驼峰一样储存能量，让它们能扛过寒冷而缺少口粮的冬天。这是滩羊适应当地环境演化出来的独特生理结构，它们借此顽强地在这片土地上成长。

独特的自然气候和地理环境造就了盐池滩羊这样一个独特的绵羊品种。它并不是天然有之，而是千年来一代代牧民、羊群与大自然协力塑造的结晶。

其实，盐池滩羊早在历史上就已经声名远扬了。

盐池，因盛产池盐，古称"盐州"，这里位于农耕文明与游牧文明的交错带上。盐池滩羊便是蒙古绵羊在长期游牧后，最终在宁夏河套地区稳居下来，繁殖衍生出的新品种。

《后汉书·西羌传》记载盐池农牧业的繁盛景象："沃野千里，谷稼殷积……水草丰美，土宜产牧，牛马衔尾，群羊塞道。"秦汉时期，盐池被纳入中原王朝版图，成为天然的"国料基地"，种植豌豆与稷子等优质牧草。

唐初，国势强盛，宁夏成为许多外来民族聚居的大本营。为方便北方诸族与中原地区的商贸往来，唐太宗下令修建了一条由漠北草原通向长安的官道——"参天可汗道"，从此，草原上的裘皮与羊肉沿着大道直达长安，盐州羊肉也开始名扬都城。

有珍稀品种，有独特风味，有历史底蕴……这或许就是盐池滩羊能俘获食客、畅销千年的秘密所在。

牧民与羊如何互相成就？

在盐池一些未经商业化的城镇，经常能在开阔的平地上见到一个又一个方盒子一样的建筑，房屋周边一般还围着一大圈方形围栏，看起来颇有现代建筑大师勒·柯布西耶

（Le Corbusier）那些极简的几何形建筑的意味。

但比起艺术性，这些特别设计的家庭牧场更具有实用价值：平坦的屋顶架设着太阳能光伏发电板，方形的围栏则是一个个大羊圈。这里几乎家家户户都有的羊圈彰显着深厚的牧业底蕴。盐池县是中国的200余个牧区县之一，也是宁夏唯一的牧区县，滩羊产业是当地的支柱产业。

羊圈与房屋毗邻，人与羊离得很近，形成了一种相互依偎的独特联结。这里的每只盐池滩羊大概率会诞生在牧民的羊圈内，因为大型饲养场照护母羊和小羊羔的成本太高，繁殖育羔就由当地牧民承担了，这也使得当地牧民与滩羊之间的关系极为紧密。经过多年的朝夕相处，牧民们把滩羊的体质禀赋、生长规律、生活习性，甚至连脾气性格都摸得一清二楚。

56岁的李峰在大水坑镇经营一家家庭牧场。我们前往他的牧场，看到羊圈里存栏有大羊200多只、小羊100多只。李峰介绍，牧场每年繁育出售小羊羔超过500只，三四月份是小羊羔出生的时候，也是他一年中最忙碌的时节。

羊羔在这个时间出生与滩羊的生活习性有关。为了生存，滩羊演化出了"一年一胎，冬季怀孕，春季出生，夏季生长"的习性（现代养殖技术兴起后，可实现"两年三胎"）。这种缓慢的生长节奏也是滩羊肉质美味但繁殖较慢、数量较少、价格高昂的缘由之一。

有陌生人走进牧场，里面的羊群就机警地骚动起来，很快便一大群挤在羊圈里的一个角落。滩羊几乎都长着黑脸或花脸，全身皮毛洁白，跟动画片里的"小羊肖恩"一样，颇为可爱。李峰说："滩羊属于绵羊，胆子小，是群居动物。"

羊圈另一边，很快就见一只羊跃上了一米多高的护栏，毫不退缩地跟我们对视，它的羊角又长又尖，白色的皮毛垂顺下来，下巴上长胡子——这是一只典型的山羊。李峰笑笑说："山羊的胆子大得很，又好动又顽皮，每天上蹿下跳。"

这也是当地家庭牧场的一个特点：滩羊与山羊一起养殖。盐池不仅适合养殖滩羊，这里出产的山羊味道也很好。有时当地人想换换口味，就会去吃那些"羊味"更重、肉质更粗的山羊肉，所以养殖山羊也很有市场。

李峰走进牧场时，就有三只小羊羔跟在他身后蹦跳行走。这几只小羊羔并不在羊圈和其他羊一起生活，而是游荡在牧场的空地上，一点也不怕人。李峰弯下身，摸摸小羊羔的脑袋，顺手给它们喂了一把饲料，十分亲昵。

为何它们能得到"优待"？李峰说，这几只小羊羔年初出生时恰逢下大雪，雪覆盖在羊羔身上把气味冲刷掉了，羊妈妈就不再认它们了。李峰不忍心看失去妈妈的小羊羔挨冻受饿，就一点点给它们喂奶，拉扯养大。在盐池的家庭牧场中，常常可以窥见到这些与现代养殖场不同的人情味。

李峰家繁育的羊羔，一般会在二月龄左右售卖。这时的小羊一般20斤重，已经拥有自主生存的能力，也即将进入快速长肉的成长期。因宁夏实行封山禁牧，滩羊

盐池滩羊吃的都是专属配方饲料。除了玉米秸秆，甘草、苦豆子、黄芪等，还会加入菜粕、豆粕、酵母粉、小苏打、食盐、玉米纤维、绿砂等天然材料作为滩羊的添加饲料，建立标准化饲养体系。左下图摄影／王家乐

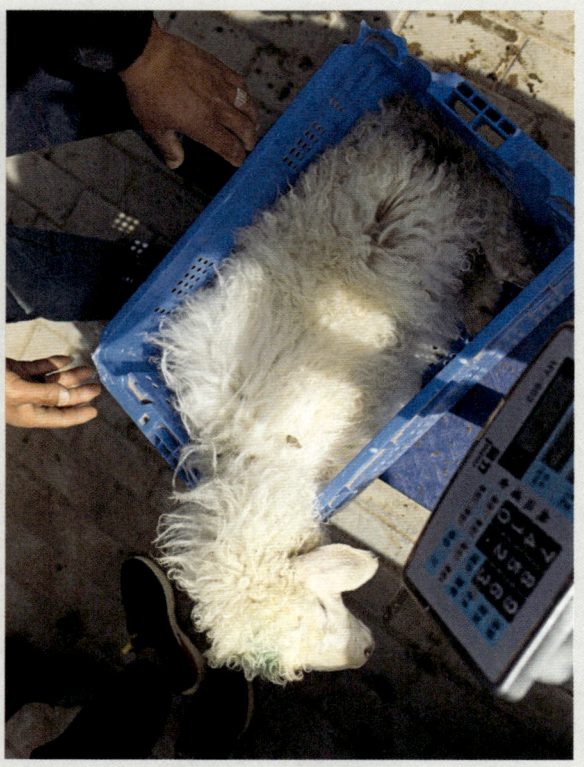

育种站的工作人员与小羊羔。滩羊小羊羔的毛光泽细润、洁白如玉，毛穗自然成缕，纹似波浪，弯曲极多，遂有"九道弯"之称，弯曲数越多说明滩羊品质越优秀。

滩羊集市售卖羊羔。买卖双方需要将羊羔装在筐里称重，必须达到合适的重量才能卖出更好的价钱。

只能在圈舍里生长。牧民繁育的小羊羔在羊圈生长 60 天后，通常就会送到大型养殖场进行集约化的育肥生长。许多大型养殖场也会与盐池当地的家庭牧场签订协议，定期收购羔羊。

也有一些小羊羔会进入集市流通售卖。在以前信息、交通不发达的情况下，人们会约定俗成地选择在某个日期聚集，集中交易商品，在进入现代社会后，集市就慢慢淡出人们的视野了。但在盐池县，不同的乡镇都有各自固定的集市日，尤以每周日在大水坑镇的集市最为热闹，其中交易的重点就是滩羊，并有固定的交易区域。那里总是熙熙攘攘，人头攒动，人们打量、比对、询问、讨价还价，挑选和购买心仪的羊羔。

想自家食用，就挑上一头健康壮硕的羊回去圈养；想扩充牧场，就购买已经性成熟的公羊和母羊；有的屠宰加工企业会来挑选成年的肥羊；有些当地人嫌羊羔肉太嫩，专

大水坑镇的集市，人们在此进行滩羊
交易。滩羊养殖遍布盐池县各个乡镇，
与大部分盐池人的生活都有交集，也
就催生了交易市场的发展。

门去买养到两三岁的绵羯羊或山羯羊（羯羊
即阉割去势的公羊），就爱吃这种肉质粗糙、
膻味浓郁的羯羊肉。

　　如今，盐池的集市仍然是一个鲜活的交
易场所，甚至规模比前些年更大了，这也侧
面印证了盐池的滩羊产业正在蓬勃发展。究
其原因，还是因为滩羊养殖遍布各个乡镇村
庄，与大部分人的生活有着交集，有这样充
足的供求关系和交易需求，自然就有集市存
在的土壤。

生态牧场如何养出生态羊？

　　在得知我们要做盐池滩羊全产业链的调
研后，滩羊产业的数位管理者和从业者都不
约而同地向我们推荐了宁禧生态牧场。"做
得很好、很典型，羊都卖到香港去了，你们
一定要去看看"。

　　宁禧生态牧场在王乐井乡边记洼村。翻
看盐池县地图，经常能看到类似的地名，如
"王记圈""赵记场""冯记沟"等，都是

以姓氏来命名。不难推测，古时盐州大草原人烟稀少，如果有一个羊圈、水沟或洼地，自然会成为定位和辨识的标记。所以，谁家的牧场在那里，就成为这处地名的来源。

前往宁禧生态牧场的道路并不算顺利。牧场老板牛庆磊发来定位，我们按导航行驶也走错了好几次，因为放眼望去都是相似的乡间小路和一个个羊圈，实在难以分辨。经过反复寻找和询问后，我们终于找到了牧场所在地。

牛庆磊已早早等在牧场门口，他30多岁，穿着一身迷彩服，身板挺得很直，皮肤晒得有些黝黑，言谈举止充满了自信与活力。交谈后得知，他年轻时当过兵，走南闯北，去过很多地方，是村里见过世面的人。

退伍回到盐池后，牛庆磊进入盐池县滩羊产业的国企担任销售经理，主要的工作就是"让盐池的滩羊销往远方"。干了几年后，他放弃优厚待遇，从国企辞职。"说实话，我是有点偏执的，很想把事情做好，在大型集团一切都是工业化流水线作业，工作氛围也是中规中矩的。我觉得有很多想法没法实现，干脆就出来了。"牛庆磊说。

辞职后，牛庆磊决定自己开一家生态牧场。"我就想去做好（养羊）这一件事，当时也是靠着冲劲，贷了点款，拿了家里的积蓄就开工了，到现在已做了三年，也算有了一些成绩，靠的就是高品质和客户的认可。"

牛庆磊创办的这个牧场算是一个滩羊育肥场，通过从牧民手中收购羊羔来育肥出售。育肥这一环节，既考验养殖者的耐心

和技术，也关系到滩羊出栏时的肉质和价格。

谈到滩羊饲养，牛庆磊能脱口说出许多经验，全是一线的科学观察与思考。比如这几年夏天高温天气多，中午特别热时，滩羊几乎不吃东西，他就把投喂饲草的时间改到晚上，等天气凉快下来，滩羊有胃口时再喂食，"这样能让它们吃饱，羊有劲了就能去撒欢了。就像人吃饱要伸懒腰一样，羊吃饱了也得运动。这样的羊才更健康，肉质也更好。"

滩羊的运动都是在"生态跑道"上进行的。由于禁牧，滩羊不能随意放养，所以像宁禧这样的生态牧场就会在一块比较大的土地上搭建好跑道，让滩羊可以在上面跑步。

一般畜牧业的育肥都希望家畜少运动，避免消耗能量，尽快增肥长肉，但这在滩羊饲养上并不适用。由于滩羊常年在野外生活，运动能增强滩羊的体魄，使其肉质变得紧实美味。根据相关实验数据，运动还会加快滩羊的生长速度。

除了运动，牛庆磊还做了多种提升滩羊肉质风味的尝试。比如把牧草打得极细再喂食，能让滩羊的肉质更嫩，脂肪也更少；在牧草中添加一些苦豆子、甘草等中草药材，也能在大规模饲养的基础上很好地延续滩羊特有的美味。

在宁禧这样的育肥场度过3—5个月的生长周期后，滩羊会长成体重七八十斤的"青年羊"——这是滩羊肉质最好的时候。超过5个月，滩羊成年后，肌肉中反而容易囤积脂肪和膻味物质，肉质会下降；而年纪太小

的滩羊肉里还没有累积足够的风味物质，也不是理想的口感。

这个生长时间和体重标准，都是经过多年市场筛选与反复验证的结果。这时出栏的滩羊肉质细嫩，味美多汁，不管是烧烤、涮煮、清炖或是大火爆炒，都非常美味。

牛庆磊每年固定给香港客户售卖的就是这个阶段的兰羔肉。"我不做餐饮，就专门把控羊肉的品质，专心从各方面提高质量，所以客户对我的滩羊肉认可度特别高，合作也很稳定。"牛庆磊认为控制好肉的品质，才是让客户能长期购买的关键，"我现在每天只操心羊的事，把羊养好了就行。"

牛庆磊家几代人都住王乐井乡上，方圆几十里没有高楼，家家户户推开门出去，都是一片连着一片的盐碱地。滩羊是送给世代生活在这片土地的人的礼物，离开了这独特的生存环境，便难再找到这样细嫩有营养的羊肉。

在盐池，像宁禧这样做滩羊饲养的创新案例还有不少。比如在光伏发电园区，光伏板下的植物长起来后，如不及时清理会影响光伏板运行。于是，园区便让周边牧民的滩羊进去吃"自助餐"，羊群得到美味加餐，同时植物也得到修剪——这称得上是新能源版的"稻鱼鸭"共生系统。

再比如，为了缓解干旱、防风固沙，盐池当地种植了大量的柠条。为了保证这些植物的良性生长，需要定期修剪留出生长空间。而柠条营养丰富，适口性也好，剪下来的大量枝条嫩叶正好供滩羊食用，如此便形成了一种良性循环。

滩羊肉如何香飘世界？

育肥完成之后，最后一步便是屠宰和深加工。盐池县有多个大型屠宰场，同时还兼具交易市场的功能，一些外地餐饮企业会直接挑好胴体羊（屠宰后的羊肉）冷链运走，成为菜单上的招牌。

为高端餐饮店和订制客户提供食材固然重要，但如果要让盐池滩羊的品牌知名度和影响力更大的话，那些能直接面向消费者的产品形态也很重要，比如在大型商超、生鲜配送软件、电商平台售卖包装好的滩羊肉制品，就能触达更多消费者。

近年来，随着电商的普及，人们开始注重饮食上的精细化体验，更愿意消费"地标性产品"，同时追求更健康精致的饮食。盒装生鲜滩羊肉在山姆、盒马、天猫、京东等电商平台上愈加受到欢迎。

盐池做滩羊精细处理和深加工的企业有许多，其中规模较大的有两个：宁夏盐池县鑫海食品有限公司（以下简称'宁鑫"）和宁夏盐池滩羊产业发展集团有限公司（以下简称"滩羊集团"）。

宁鑫是盐池当地第一批做滩羊精加工的企业之一，通过多年市场摸索，不仅搭建起精细化分割和冷链包装运输的产业链，也帮助制定和完善了许多滩羊行业的标准。

滩羊集团是国有企业，对滩羊生产流程化、规范化起到了很好的示范作用，还打通并延伸了产业链：除了进行滩羊育肥和生产加工外，滩羊集团旗下还有专门研究滩羊饲料的公司、专职滩羊保种繁育的公司，此外还与宁夏大学、宁夏农科院等科研院校建立

↑　盐池滩羊集团的加工车间。工人正在
　　对宰杀好的滩羊进行切割、分拣，精
　　加工后的滩羊产品可达 40 余种。

↓　分拣后，再在流水线上进行打包密封，
　　随后通过冷链运输，一盒盒新鲜的滩
　　羊肉便发往全国乃至世界。

了长期的科研合作关系。

宁鑫和滩羊集团都生产盒装的滩羊肉制品。从消费链条上来说，这是屠宰后精细加工的产品——比如把上脑、眼肉、里脊、腱子等按部位分割好；带骨部分再切割出肋排或羊小排；羊腱肉切丁后串成羊肉串；滩羊的脊骨、腿骨、羊头、羊蝎子和羊尾油，都有专门的加工产品。在滩羊集团生产的精加工滩羊肉产品足足有 40 余种。

在流水线上切割、分拣、加工后，再到保鲜盒里打包密封，随后通过冷链运输，一盒盒新鲜的滩羊肉便能发往全国乃至世界，触达更多消费者。这可以说是滩羊能走出盐池和宁夏的重要一步——在冷链物流发达的今天，足不出户，我们也可以吃上美味的盐池滩羊了。

除了生鲜冻品，另一个能直接面向消费者的产品形态是餐饮行业。在这方面，宁夏百草滩羊食品有限公司（以下简称"百草滩羊"）是其中的佼佼者，其主营业务包含滩羊养殖、滩羊肉品加工、冷链配送、连锁餐饮运营管理等。百草滩羊的店铺不仅开到了银川、北京、郑州、西安，更是开进了北京的宁夏大厦——能成为"驻京办"餐厅，本身就是一种肯定。

创始人张云龙是盐池人，他创立百草滩羊只想做好一件事：把原汁原味的盐池滩羊吃法推广到外地。

百草滩羊的菜单很简单，招牌就是"泉水涮羊肉"——这是一种对食材品质的极度自信，仅仅靠滩羊肉就能在竞争激烈的餐饮业站稳脚跟。这种选择也体现了张云龙的愿望：有意识地将家乡的历史民俗、滩羊品牌融入其中，让顾客吃出美食背后的文化。

在外地开店，其实也经历过不少水土不服的阵痛。比如北京，可以说这里是涮羊肉的大本营——铜锅水煮羊肉，出锅后再蘸上一层厚厚的芝麻酱小料，是十分典型的老北京吃法。而张云龙偏偏想在北京挑战这种固有的吃法。

"盐池好滩羊，清水煮原香。"在百草滩羊的门店，每个人面前会放一口小铜锅，现煮现吃，汤里的调料也很简单，只有中宁枸杞、吴忠沙枣、盐池甘草等几种源自宁夏的中草药。滩羊也是吃中草药长大的，堪称"原汤化原食"了。

百草滩羊的副总刘青依自豪地说，汤里加的中草药料包不会像普通底料那样越煮越淡，反而越煮越能品出独特的香味；而涮肉选用的是滩羊原切肉，经过特殊的排酸处理，不会像一般肉片那样涮完后汤里漂着一层厚厚的沫。等肉端上来，亲手一涮，果真如此。

用餐过程中，时常见到服务员向客人解释，这里的涮羊肉不推荐蘸麻酱，而适合空口原味吃，只有像羊脊骨这样味道比较厚重的部位才提供了可蘸取的沙葱汁——这也是盐池的特色风味。品尝过后便明白了其中用意：盐池滩羊肉确实极其细嫩，入口简单咀嚼即化，满嘴都是羊肉的清香却没有膻味，汤里淡淡的盐味已经足够提鲜，多余的调料反而是负累。

张云龙颇为自豪地说："所以我们还有一句口号——羊肉足够好，就是不蘸料。尤其在北京，一开始大家都不习惯不蘸麻酱，但食客真正来吃过之后，也都很认可滩羊的品质。"

一切的原点，都是滩羊——如何能在餐饮制作过程中最大程度激发和利用滩羊肉的美味？其实这需要在烹饪方法、食材、食客口味、供应链和市场中反复打磨后选取一个平衡点。

餐桌上新鲜滩羊肉每天稳定供应的背后，无数看不见的环节在运转。一盘羊肉的背后，是牧民养殖、育肥生长、屠宰加工、物流运输等多个链条串接合作的成果。

滩羊为何能生生不息？

盐池县能够在严苛的自然环境中发展出如此庞大的、支撑整个县经济的畜牧产业，同时能与环境和谐共存，不得不说是一个令人赞叹的奇迹。

奇迹并不会从天而降，除了天时与地利，更重要的还是人和——能让滩羊品种一代代传承下来的，最终还是人。所以要探访盐池滩羊产业成功的秘诀，我们需要回到起点——育种，这是解开滩羊生生不息秘密的"钥匙"。

对于畜牧业来说，育种和保种可以说是根本。宁夏朔牧盐池滩羊繁育有限公司（以下简称"朔牧"）是一个专职滩羊基因保育、种公母羊繁育的繁育场，也是盐池县各类滩羊科研项目的试验基地。

2017年，朔牧被滩羊集团收购，主要承担全县约三分之一的种公羊投放任务。牧民家庭一般会留下用于繁殖的母羊，为了避免出现近亲繁殖和退化，需要定期更换种公羊。因此，无论是对牧民繁殖小羊羔，还是维系盐池滩羊的优良基因来说，种公羊投放这项工作都十分重要。

张连全从2008年就担任朔牧一线业务的厂长，他不仅通晓盐池滩羊产业的发展历史，也对基因编辑、分子生物学等知识十分精通，对牧民生活和滩羊特点更是了如指掌。

张连全说，盐池滩羊养殖历史悠久，其中也经历过数次起落。历史上，滩羊最开始被重视时不是作为"食用羊"，而是"裘用羊"，尤其是独特的"二毛裘皮"——产自40天左右的"二毛羔子"身上的皮毛，会形成自然的"九道弯"，其颜色雪白，提起皮板轻轻抖动，长毛纷纷倾垂，泛着鲜亮柔软的光泽。

随着化纤面料的崛起，曾经在市场上大受欢迎的滩羊羊毛、羊皮制品逐渐遇冷。20世纪80年代以后，养殖业快速发展，因为本地滩羊只能年产一羔，生长较慢，能年产二到三羔、繁殖迅速的小尾寒羊等羊种被广泛引进，不仅挤占了盐池滩羊的生长空间，也让许多羊群的种群基因遭到破坏。

2003年，宁夏实施封山禁牧，促使牧民减少了养殖量，再加上其他价格低廉的羊肉的冲击，盐池滩羊的存栏量一度不足百万只，年出栏量不过十几万只。

张连全回忆，在那段时间里，为了帮助产业转型，盐池县政府出台了许多扶持措施：鼓励牧民科学养殖，帮助规划安装现代化圈舍；安排技术人员到牧民家讲解母羊护理等知识；提供饲料补贴，上门讲解并提供

百草滩羊餐厅。食客正在享用"泉水涮羊肉"，在一个小铜锅中，现煮现吃，感受原汁原味的盐池滩羊。

摄影 / 吴学文

繁育场里的种公羊。为了保证种群不
出现近亲繁殖和基因退化，需要定期
更换种公羊。

中草药颗粒等。

2015年，"盐池县滩羊产业发展协会"（以下简称"滩羊协会"）成立，通过发布指导价和发放补贴等举措，搭建起商家与牧民之间的桥梁，平衡羊只价格，扶持企业，对壮大滩羊产业起到了积极作用。

在滩羊协会的办公室，我们见到了一沓沓的票据，上面全是详细的交易字据——滩羊协会会监督每一次滩羊屠宰，在屠宰前鉴定滩羊品种，从源头上避免其他羊只滥竽充数，以维护盐池滩羊的品牌。

滩羊协会和萌牧从生产、生活、交易、科研等方方面面向牧民提供帮助。

张连全说，萌牧除了每年为牧民投放种公羊之外，还会在冬闲时节组织技术人员到乡村，向牧民科普养殖知识。在这个过程中，技术人员也向牧民学习许多经验，比如滩羊受凉时会出现肠胃炎或是其他疾病，有时候牧民随手抓上一些草药就能治好，或是在一些穴位针灸，可以帮助滩羊快速康复。虽然现代化养殖业发展很快，但牧民们累积下来的这些智慧也非常有用，对实际生产很有指导意义。

将现代科技与传统经验相结合，就能发挥出巨大的价值，如今的盐池滩羊产业就是这种价值的最好体现：政府通过总体扶持，将新的养殖技术传播下去，再通过"企业＋合作社＋牧民"的发展模式，建设产业园区，把传统的个体农户逐渐纳入集中连片化的规模型饲养体系里，这样既提升了滩羊肉质和产量，也提高了个体农户的抗风险能力。

经过多年的精心培育、品质把控和品牌建设，2016年，"盐池滩羊"获批成为国家地理标志保护产品，进一步打响了盐池滩羊的品牌知名度。此后，在G20峰会等会议上，盐池滩羊更是多次登上国宴，进一步提升了品牌价值。

这几年是盐池滩羊销售量进入指数级增长的时代。根据张连全提供的数据，2014年，年种公羊投放量增长到2000只，到2017年又翻了一番。现在，每年向市场投放的种公羊已经稳定在5000只上下。

2023年，盐池滩羊存栏量已经达到324万只，年出栏量近194万只。可以说，一只只滩羊已经"美出了圈"，引领着中国食界新风尚，成就了一个巨大的产业，它甚至撬动了整个盐池县的生活，成为现代牧业中极为独特而亮眼的存在。

现在的盐池，大部分人的生活都与滩羊有关，滩羊养殖的收入更是占农村居民收入的60%以上。盐池滩羊产业的发展，让每一个牧民的收入得以提高。

寻味滩羊：
盐池人的味蕾乡愁

撰文
斯小乐

摄影
冯大伟 等

春夏之交，黄土高原上空气流常常不稳，明明晴空万里，飞机却异常颠簸。我们先到银川，再一路向东来到盐池。盐池县民风质朴，可如果要问如何吃掉一只滩羊，却可以找到数十个答案。

我们猜想到盐池的羊肉会很好吃，只是没料到会这么好吃。游客进门第一顿往往是豪横地大块吃肉，手抓羊肉先来三斤，入口令人震惊——羊肉全然不膻，油脂如奶油般入口即化，一腔浓厚的奶香味里，回荡着果香和草香。

城区最显眼的招牌是"惠安堡羊羔肉"，店里楼上楼下不过十几张桌子，中午刚过11点，餐厅门前就停满了私家车，看车号有盐池本地的，也有银川和中卫的，还有不少甘肃庆阳和陕西榆林的。

老板叫宋德君，掌厨的是宋太太。两人大方地跟食客公开羊肉好吃的秘方：店里每份羊羔肉都经过6摄氏度以下的低温排酸，冷水过夜，入锅前淘三次血水，流动水大力翻搅去除血水和浮沫；一斤羊羔肉，就用八两胡麻油，油不能过量也不能轻薄，掐着严格的时间和油温放肉。灶台前整整齐齐码好十几种香料，来自全国不同的产地，光是葱就有三种，"因为每种葱的香气不一样，所以各有补充"。

我对老板说这已经接近法餐标准的烹饪工艺了，宋德君笑道："嘿嘿，我这不是看电视、看资料，四处学一点嘛。"

在人均收入三千多元的小城，一百多元一份的羊肉能卖到门庭若市，故事的每个环节都很感人。

羊羔 · 炭火 · 浅锅 · 老妈炒

盐池人的一生，难免跟滩羊牵绊在一起。

1982年，和所有盐碱地人家一样，赵玉兰家也圈地养起了羔羊。为了一家人更好的生计，赵玉兰咬牙从银行贷款了2700元，在惠安堡镇211国道边上买了两间平房。为了把自家羊卖出更好的价钱，她开始自己炒羊肉卖。自家门前的国道是银川到西安的必经线，运煤的、拉盐的、贩羊的每天一车车经过，货车师傅们虽然辛劳，但收入也很可观，吃喝总是豪爽，进店就吆喝："老板娘给上大份的羊肉。"赵玉兰笑盈盈地招

爆炒羊羔肉，是盐池最负盛名的一道菜。

制作爆炒羊羔肉，需要选用 40 天左
右的羊羔肉，剁块后冷水浸泡半小时；
起锅烧油，下尖椒炸出香味再放肉；
大火持续爆炒，撒上葱姜蒜末，并浇
入秘制辣椒面和花椒水；然后配上蒜
苗、葱段稍加翻炒，即可出锅。

呼："八宝茶先喝上，羊肉都有的。"

柴火烧旺，起锅烧油，先下一把青嫩尖椒，炸出香味，然后把切得细细整整、方块状的羊羔肉一口气倒入滚开的油中，锅铲来回翻动，大火持续爆炒，汤汁与旺火"拉锯"上20分钟，所有香气归于羊肉纹理中，撒上一把葱姜蒜末，浇入秘制花椒水，配上蒜苗、葱段，即可出锅。泛着鲜亮的油光，羊肉入口辛辣焦香，一口咬下去却是软嫩多汁。一份羊肉端上来，司机每人吃光三两米饭，两份摊馍，摸着肚皮说："老板娘别关门了啊，下个月我们还来。"

那几年夏天尤其热，从店里敞开的大门看向远方，公路上车来车往，卷起的风尘里透着壮美荒凉。赵玉兰说，出门的人都盼着能遇上一场毛毛雨，柔和地压住四面八方扬起的尘土，让大家喘口气。

于是饭馆的名字，就叫"毛毛雨饭馆"。

赵玉兰是宋德君的母亲。饭馆一开就是20多年，几年前，赵玉兰手脚不太灵便，便不再亲自到厨房炒肉了。宋德君和他太太接手了母亲的手艺，饭馆从国道边搬到了盐池县城中心，名字也换了，如今干脆打出了"惠安堡羊羔肉"的招牌。周边地区的人都清楚，在盐池吃羊羔肉，还得数"惠安堡"的"最香实"。

很长一段时间里，宋德君家的饭馆里只卖羊羔肉，站在炒锅前的还是妇人——爆炒羊肉的活男人一般做不来，因为要用锅铲在铁锅里持续翻炒20多分钟以保证每块肉都受热均匀，需要很大的耐心，女人做得更细致。

"过去母亲很执拗，店里只肯卖羊羔肉和四款素菜，说多了做不好也做不了。"宋德君夫妇接班后，灵活经营，本地人说想吃份鱼和炒鸡他也答应；羊肉也换着法子做，把羊杂分出不同部分，店里就多了一道"心肝宝贝"和一道"筋筋有味"：把羊杂切碎后红油干煸，羊蹄筋拿来红焖到入味，一勺便能就着吃一大碗米饭。冲着这两道菜来的当地人更多了，生意也是越发红火。

夫人懂得烹羊，宋德君懂得吃羊，不能不赞叹二人是天作之合。盐池人对羊羔肉的主要评判标准——香，无论是清汤煮，还是大碗蒸，惠安堡饭馆把羊肉油脂里的奶香演绎得炉火纯青。问及把羊羔肉做得比别家香的秘诀，他们的答案只有一个：我们家会选羊，食材好。

宋德君介绍，滩羊羊羔肉主要有三种做法：一是爆炒，二是清蒸，三是家常。他小时候最常吃的是家常蒸羊羔肉，也喜欢吃手抓羊肉。不管是哪种做法，都必须得选50天左右的羊羔。吃羊羔的行家选羊会看牙齿，"两排牙齿还没长出来，我们叫'半（咩）子'，这种羊羔出生两个月左右，肉嫩，容易烂"。滩羊世代吃苦豆子、甘草、沙葱、百里香等中药材长大，羊羔肉里有盐碱水的味道，也有药草味和奶香味，一点也不膻。

"选羊这事儿就是经验，在羊羔群里一抱，就知道这羊能割多少肉。卷毛长尾巴的是滩羊，卷尾巴的是山羊，不能弄混了。"宋德君说，滩羊和山羊的味道完全不一样。

滩羊有一种与生俱来的"认家"技能，将宁夏的滩羊崽带到外地养，它的毛就会从卷曲变得直顺，从此样貌、口味"泯然众羊矣"。即使再带回来养也变不回去了。

滩羊分割部位图及所做菜品

插画 / 林天意

卤羊头

烤羊排

红烧羊肉

涮羊肉

肩上部

肩下部

手抓羊肉

烤羊肉串

爆炒羊羔肉

卤羊蹄

羊中部

羊后部

物

宋德君家的饭馆从中午一直忙到晚上，慕名而来吃羊肉的客人很多。"很多人店里吃完了，夸说从没吃过这么好的羊肉，还让我们留下微信，以后快递过去。"宋德君手里忙着、心里盘算着和妻子约好的出外旅游计划。

饭馆西边的墙上，挂着一张全家人在毛毛雨饭馆前的合影。那年家里刚置办了一辆摩托车，未满一岁的宋德君摇摇晃晃地坐在摩托车上，赵玉兰一身朴素的白棉衣，她坚信着能用两间平房、一口铁锅、身后圈里的十几只羔羊，让全家过上安稳富足的日子。

大块肉·不生分·打平伙

在盐池，我们拜访了"惠安堡羊羔肉"餐馆的宋德君、盐池宾馆年轻的厨师长万方慧、"吴记大块羊肉"餐馆的陈生巧，他们记忆中最香的那口滩羊美味，都发生在同一个场景下——"打平伙"。

不用劳作的日子，盐池的男人习惯聚在一起，先来一顿海阔天空的"胡谝"（闲聊），差不多了就提议"打平伙"——合伙凑钱买一头羊。把杀好的羊扛回来后，煮一大锅开水，锅里扔些花椒、大葱、辣椒、盐等调味料，然后喊声此起彼伏：有要吃前腿的，有要吃肋排的，有要吃脖子的，每个人说好了哪一块，或者绑根铁丝，或者拴个红绳，或者用尖刀在肉上刻个记号……都先记下，最后分着算钱。

然后，就把羊肉丢进锅中，几十分钟不到，羊肉的香气一缕一缕地往外窜，一里地开外的汉子也能嗅得到，急冲冲拎件衣服就找到正在生火煮肉的地方，吆喝一声："这羊肉到底是好啊，可都把人给香迷糊了，也算我一份。"

喝盐碱水长大的滩羊，不需要额外调味。时间够了，火候足了，清水煮透了，拿着一大块肉，蘸点小料就能吃。宁夏人把羊肉的肥叫"壮"，第一口，要挑一块"死壮死壮"的，不用顾着什么规矩了，抓紧和众人一起，趁着第一股热气咬下去，让肥润丰腴的脂肪裹住牙齿，让汁水充盈的瘦肉填满口腔，用盐池话讲："香实着呢！"

打一次平伙能从下午闹到晚上，大家赶在羊圈里的羊吃夜草前，把肉和汤都抢着吃个精光。至于最后是摇晃着走回自家，还是躺倒睡在主人家，大概都忘了，但大家都会记得打平伙时，羊肉放在锅里煮上半个小时后的气味："香，抓心挠肺的香。"

"打过几次平伙的人就不再生分了，都在一个锅里'搅过食'，关系也就更亲近。"滩羊是盐池人的命运缝合线，那些南来北往互不相熟的人，在一顿热气腾腾的羊肉前，找到了命运的交集。盐池的羊肉不膻，但和烧酒一样后劲大。手撕着分完一盆肉的两人，往后就是能一起"大块吃肉，大碗喝酒"的同道人。

盐池城里能打平伙的地方少。陈生巧朋友多，家里夫人吴俏梅做的羊肉味道好，为了让朋友们有经常打平伙的地方，干脆就在城里开了"吴记大块羊肉"餐馆。跟"惠安堡"的羊羔肉不同，这里吃到的是 4 个月以上、6 个月以下的羊，肉质比羊羔肉更有韧劲些，肉香味也更浓郁些。

吴俏梅的厨房里也藏了"八宝箱"，弯

厨师正在切手抓羊肉。手抓羊肉是盐池人招待客人的首选菜肴。大块吃肉，大碗喝酒，将西北人民特有的豪放体现得淋漓尽致。摄影／吴学文

酱香卤羊蹄。羊蹄经过秘制的卤汁浸泡入味。汁水丰盈可口，蹄筋被炖煮得软烂，入口即化，如果觉得吃着不香，不妨蘸点醋汁提鲜，香味更有层次。

腰便能摸出两块嫩黄的黄姜、几把新鲜的花椒，汤锅里因这些调料呈现出饱满浓郁的色泽，并源源不断地释放出麻香味。他们家煮羊肉的汤里还会加一些白萝卜，这是别家少有的，如此煮出来的汤少了几分油腻，萝卜的鲜甜渗入了羊肉的筋膜，大家纷纷夸道："嫂子做的这羊肉就是香。"

万方慧师傅小时候也经常在乡下打平伙，到城里入职盐池宾馆厨师长后，烹制过很多不同的滩羊，其中最得意的菜式是用盐池滩羊和黄花菜做的一道"黄花菜杂粮炖羊排"。盐池盛产黄花菜，凌晨 4 点趁着晨露未起就到田里摘的黄花菜最为香甜。万方慧的记忆里，小时候地里蔬菜不多，但万妈妈擅长用黄花菜变出各种花样，凉拌的，清炒的，或是用前一天打平伙剩下的羊汤，放把黄花菜再加上杂粮拌着又是一顿，这就是他记忆里最香的一种吃法。

如今，这黄花菜杂粮炖羊排是城里招待贵客时的招牌菜。杂粮如大地，稳稳托住羊排的丰腴，盛夏阳光滋润过的黄花菜俯倒在羊肉的油脂和柔润有嚼劲的杂粮当中。层层叠叠的口感，最终让每个喝着黄花菜汤、咬着羊排的人都感受到大漠里的"天与地"。

"香，很香。"当地人描述滩羊风味的词汇很匮乏，"香"已经是盐池人对于羊肉的最高赞誉。但要获得盐池人公认的"香"很难——他们熟知不同品类、不同山头里的羊携带着何种不同的风味。滩羊不仅仅是饱腹的食物，盐池人的舌头能吃出每一份羊肉香味背后更细腻的"人间烟火"。

很多年后，从这片土地走出去的人各奔东西。而那份打平伙时感受过的香气，却能轻而易举唤回所有人的共同记忆。时间长河里，同样的羊肉香气不会出现两次。而共同喝过一锅羊肉汤的人，是被命运奇妙相连的"自己人"。

滩羊把盐池人留在了这片土地上，也惯出了盐池人的一个毛病：走出盐池，再不吃羊。

羊肝凉皮·红烧羊头·羊肉摊馍

并不是所有的羊都能在苍茫的盐池大地上安身立命。

滩羊不易得，一年一胎，一胎一只，生长环境也极其苛刻。盐地水草并不丰美，羊的一生要不断勤奋觅食奔走，在炎热的漫长夏日，盐碱地上倔强生长出来的苦豆子、甘草、沙葱就成了滩羊的食粮。盐碱地的水富含无机盐，入口想必并不甘甜，习惯吃两口野草、舔两口盐碱水的滩羊个头不大，却经受住了环境的历练，卷卷绒毛下的温顺眼神里，带着坚韧的生命力。

也不是每只滩羊都适合被端上餐桌。最好的那批滩羊在长到 6 个月以前，就会被选去制成羊羔肉，那是大多数人喜闻乐见的羊肉最佳状态：脂肪乳白，含脂率低，肌纤维清晰致密，有韧性和弹性。外表有风干膜，切面湿润不粘手。

"雨水越多，羊肉越不好吃。"当地的养殖户无奈地笑笑。滩羊肉质鲜美的条件特殊，因此盐池人也更加珍惜每一头羊，并努力做到物尽其用。好的部位多用来爆炒、红烧和炖烤，剩下的部位，外地人不大懂得处理，盐池当地人却视作珍宝，比如羊肝。

盐池街头随处可见的"羊肝凉皮"，称得上是全国"凉皮界"里少有的"荤凉皮"。薄而宽的盐池凉皮，盖一层黑褐色的羊肝，放一圈绿莹莹的韭菜，加一点醋，再调点蒜汁，用筷子快速拌匀，羊肝夹杂着蒜汁的香气，透过晶莹的凉皮扑鼻而来，入口香、辣、柔、滑，诱人而难忘。

处理羊肝和羊肺是个麻烦活儿，要先用盐水浸泡清洗，再放入加了秘制调料的水中煮，煮好后再经过一轮油炸，使之变得酥香。盐池的妈妈们乐于处理这样的"麻烦"，她们见不得羊肉被浪费，将羊杂碎收拢起来，又能让人心满意足地吃一顿。

盐池凉皮比其他地方的凉皮要薄，吃起来更有韧劲和弹性，用盐池话说"筋登登的"。羊肝的炒制，各家有各家的妙招，每家放的调料各不相同，味道也各有千秋。但无论怎样的炒肝遇上了白玉般的凉皮，一方带着火爆香气，一方带着素冷冰清，筷子一挑，便让味蕾瞬间沦陷。

"会吃羊头，才是真正懂吃羊。"盐池人对滩羊美味的另外一种执念，是羊头。最初识得羊头美味的是路过盐池的盐商、马夫。驼队出发前会宰一整只滩羊带上，路远困乏，羊头做起来相对简单：一撮胡椒粉，一撮盐，干柴烈火慢煮上个把小时，就能在荒村野郊舒坦地享用一顿肉食。

如今的盐池人吃羊头有了新的吃法：将店里卤上一天已咸香入味的羊头捞起来，放在不锈钢盘子前，先从头皮正中划开一道口，将头肉扒向两边（须连着脸肉，不要撕断），再从鼻骨处往上一掀即取下颅骨，将羊眼睛用手挑出，再将颅骨掰开，取出羊脑。

接下来，从羊头肉上切下两耳和口腔上膛的软骨，最后贴着羊舌头两侧各一下，将腭骨切断，完整地拆下两块。羊头的不同部位有不同的口感，厚重的香料烘托得每块肉都有着自己的风味，一口肉一口酒，每一口都有一种不同的体验，老盐池人吃羊吃得出神入化。

能和滩羊紧密连在一起的粮食，还得是荞麦。荞麦在盐池的主食领土独霸一方：荞面饸饹、荞面搅团、猫耳朵、凉粉等，再配上老咸菜和羊肉臊子，是每只滩羊完整消化于餐桌的最终出路。

羊肉摊馍，让人与羊的距离更近了。在荞麦面粉中打个鸡蛋做成面糊，摊馍时先往锅里刷一层滩羊尾巴油，再倒面糊，文火烙两三分钟后，馍就可以挑起来吃了。这馍初看有点像灰不溜秋的抹布，但一碗羊肉汤端上，把摊馍泡进羊汤，等馍在汤碗里翻来覆去几回，充分吸收了汤汁过后，再一筷子夹起来送进嘴里，一口咬下去，松软的摊馍和汤汁在牙齿之间碰撞，两种食材仿佛在嘴里跳舞一般，香味顺着食道直冲五脏六腑。

盐池的孩子放学后，妈妈都会往他嘴里多塞几块摊馍，"妈妈觉得至少得吃十个才能饱，当然我也是可以一口气吃十个的。"盐池一位诗人说，世间赞颂羊肉和荞麦者众多，但是少有人了解摊馍，"家家户户都有浸着馍吃的那碗羊肉汤汁，那都是诗外的功夫。"

如今盐池写诗的人不多了，但变着法子诗意地吃滩羊的人却越来越多。在岁月的年轮里，滩羊所承载的这一碗"人间烟火"，抚慰着一代代盐池人的胃和乡愁。

在盐池，一只羊不同的部位有多种吃法，既可以做成羊杂凉皮、羊肉面也可以做成红烧羊头、卤羊肉，以满足不同的味蕾需求。右上图摄影 / 王家乐

荞麦：
盐池主食江湖的主角

撰文
王砚

摄影
冯大伟 等

八月了，家住盐池县麻黄山乡杏树湾村的吴右梅一早去自家荞麦地里转了转。门口那株野山杏早已谢了繁花，结了杏，倒是荞麦（俗称"甜荞"）花正开得粉艳艳。今年春天雨水旺盛，荞麦也得了天时，长势喜人。回去的路上，她顺手采了一小把当地叫"泽蒙花"的花朵，细细碎碎的小粉花很轻盈，有着一股浓郁的香味，晒干了用来做荞麦面的酸汤，风味别致。

吴右梅嫁到杏树湾已经四十多年了，日子眼见着一天天好起来，孩子们也都各自成家，以前很少吃的白面现在也时不时买一些，但是和大多数麻黄山乡的人家一样，荞麦，仍然是家里锅灶上的"灵魂食物"。

盐池人对荞麦的一腔热爱，早已融入生活的方方面面：县城里大大小小卖荞面的店铺随处可见，花样繁多；人们的婚丧嫁娶、迎来送往少不了饸饹、麻食、剁荞面等面食；远游的人临行前总想着扛上一袋磨得细细的荞面粉，好一慰乡愁。

与其说是这里的人们爱荞麦，倒不如说是荞麦爱这里的一方风土。

荞麦种植：
不挑土壤，更无需精耕细作

车行盐池，明显感受到地势南高北低。这里处于鄂尔多斯台地与黄土高原间的过渡带，南部山高岭陡，沟壑纵横，高山梯田一层层铺开，挑战着人们对人力极限的想象。中北部地区则沙丘连绵。

过去数十年间，无论南北，盐池农作物种植区域既无地表河流流过，也缺乏地下水灌溉，且十年九旱，生态环境恶劣，再加上过度开垦，水土流失，土地贫瘠，农民们只能终年祈盼能多下点儿雨，趁雨下种、长苗、开花、结籽，是典型的"雨养农业"。即使现在，南部山区大规模开垦梯田，北部采用滴灌种植模式，水，仍是这块土地最为珍稀的资源。

在以往的艰难岁月，能种上小麦，吃上白面，几乎是农民们堪称奢求的心愿，奈何小麦要水、要肥，始终生长不佳。只有那些对土壤要求不高、极为抗旱的杂粮，如荞麦、土豆、玉米、谷子、糜（méi）子……不嫌地贫，一点雨水就能扎根发芽，长高长壮全

荞麦开花的时节，荞麦田将成为一片粉色的海洋。荞麦是一种让人颇为省心的作物，它不需要精耕细作的田间管理，只要赶上几场雨，就能保证丰收。
摄影 / 马福成

盐池县麻黄山乡广泛种植荞麦。这里
能看到壮观的荞麦梯田。摄影 / 牟将

凭一己之力。盐池人都叫它们"小杂粮"，殊不知，它们却是"大当家"。

荞麦是盐池小杂粮的魁首。虽然因为名字有一个"麦"字，一直被写入粮食的花名册，可它和禾本科的玉米、高粱、小麦、燕麦不同，是蓼科植物，黑褐色的三角形籽实上，三条棱道道分明。磨成粉后细腻轻滑，略微清苦的口感不同于小麦的甜润。

盐池人喜爱荞麦的粗放，几乎不用人操心伺弄，三伏天气撒下几把种子，三天左右就可发芽出土，赶上几场雨，它就攒着劲长了起来。在中国其他地区，很少有人在一马平川的平原上种荞麦，就算在浅山和丘陵区，荞麦也只是作为春荒或晚秋补救性作物来种植，甚至略微肥沃的地块都不会优先想到它，那些贫瘠的边边角角才是荞麦的归宿。而盐池几乎所有的乡镇都种上了荞麦，即使少雨、缺肥，它都能奋力给出一个不错的收成。在那些艰难年月，不知多少人心头都在感念秋后薅下的那一茬茬金色荞麦。

荞麦最喜暑热，伏中七月下种最为适宜。人们顶着烈日，挥舞着镢头在自家地里播种。几场雷雨莅临，地里开始冒出密密绿芽；再过半月，便直窜到一尺多高；不到四十天，满坡声嘶力竭的蝉鸣声里，荞麦静静地开花了，一段白的是苦荞，粉的是荞麦。越是颜色朴素，越是花香袭人，引得蜜蜂成日流连不去。蜂农们年年都痴望着整个八月，那是荞麦蜜的专属季节，浓稠而香甜。庄户人的眼里则洋溢着喜气，如绯云的花海意味着一年辛苦的盼想有了着落，也意味着秋后饭桌上那一碗碗饸饹面。

等到了秋收的节令，人们五更时分就来到地头，露水打湿了裤角，荞麦熟了怕落籽，借着露水的潮气正好收。经验丰富的农人蹲在地上，双手娴熟地薅着荞麦杆儿，两下里一碰，磕净根底沙土，一把一把均匀码在身后。脱完粒的荞麦便送到磨坊里，磨成细粉，以前用石磨，现在是电力碾磨。一阵轰鸣声中，不多时，人人扑着身上、头发上飞扬的面粉，笑盈盈往家走，心想：得美美吃上一顿今年新荞麦做的饸饹……

黄土地里的荞麦致富经

盐池人祖祖辈辈种荞麦，有传统，有经验，却仅作为口粮，挣不了多少钱，而外面的世界却越来越认识到荞麦的"好"。它不仅可作主食，因含有丰富的膳食纤维、B 族维生素和黄酮、多肽、糖醇等高活性物质，还能够成为茶饮、保健品和药品的原料，对人体代谢、控制血糖和血脂有一定帮助。盐池海拔高、气温低、光照足，降雨期集中在夏秋季节，种植的荞麦籽粒饱满，品质极佳，许多人渐渐看到了其中的商机，麻黄山乡何新庄村的何彦彬就是其中之一。

年过六旬的何彦彬已当了爷爷，小孙女正咯咯笑着蹒跚学步，祖孙三代一大家子还住在祖上留下的一口大窑洞里。推开另一口窑洞的门，吱吱嘎嘎，一道斜长的光线映入，空气中飘浮着粮食的碎屑——这是他的仓库，去年囤满了荞麦。那会儿荞麦刚打下不久，早早赶来的甘肃、陕西客商就收走了大部分，剩下的囤到来年四五月，"价格还美得很"。看来经过市场的浸润，何彦彬已经有了自己的商业经验。"那几天，荞麦价格像荡秋千，最高卖到3块多钱一斤，"他去年种了一百多亩，每亩收了200多斤荞麦，"比种玉米划算多了。"

何彦彬是见过世面的人，早年开大货车跑运输，和各地的人打交道，每个地方风貌的变化、人们观念的转变、科技的进步，他都一点一滴记在心里。2012年，他去东北拉货，看到黑土地沃野千里，种满了玉米，不免羡慕，回来后就想好好种地。

何新庄村地广人稀，荞麦种植面积8000多亩，每亩地收成不过百十来斤。何彦彬租种了2000多亩地，加上自家的荞麦地共3000多亩，把全村人都震惊了。他不相信荞麦就是天生的"懒汉庄稼"，明白靠天种靠天收产量太低，想要高产，除了精耕细作，还必须更新换代。他为此开辟了70亩试验田，种上各种荞麦，雇人管理，观察记录，哪个好就种哪个。费钱是费钱，可也帮助他打开了荞麦的新世界。这些试种的优良荞麦，往往到了第二年就被当地农业技术部门推广种植，十里八乡来找他买种子的农民也不少。2019年，苦荞作为第4代产品跟随何彦彬落户何新庄，当年，亩产最高达到150公斤，且荞麦籽皮薄面多，还没等联系买主，当地种子公司就来抢购。这几年天旱，村里人不敢种荞麦，怕颗粒无收，只有何彦彬胆大，买了一台储水车，从别处拉水浇灌，居然也丰收了。

为了那几千亩地，他贷款40万，从拖拉机厂订购了一台多功能拖拉机，然后将这台庞然大物一路开回家，沿途收获无数惊叹，别提多威风。"以前用小四轮耕地，一天十几二十亩，用这个机械化设备耕地，一天一百多亩轻轻松松！"他望着院子里那台高大的拖拉机，眼里闪着光，仿佛那是他的战马，而一望无际的荞麦地则是他驰骋的疆场。

盐池县对了杂粮食品有限公司在麻黄山乡和青山乡都有自己的杂粮基地，但最近几年市场对荞麦产品需求巨大，总经理吴彩娟每年都会找乡民们收购荞麦。他们除了开发苦荞茶、荞麦粉、苦荞糊，又增添了两条挂面加工生产线，产品远销北京、山东、浙江、南宁等十多个省市。苦荞比荞麦的营养和药用价值更高，只是口感偏苦。盐池县原本种植苦荞较少，但这几年养生保健风潮兴起，在市场带动下，也开始大规模种植。像"对了"这样的杂粮加工企业，盐池县还有不少，许多产品实现了出口。

荞麦全身都是宝。除了荞麦面，荞麦脱下来的荞麦皮也颇受好评。荞麦皮价格不亚于荞麦面，精筛后一公斤售价10元左右。荞麦皮可以制作成荞麦枕，对于盐池人来说，荞麦枕是从小睡到老的宝贝，舒适、助眠，每天都离不了。我们在盐池看到的荞麦枕的主要形式是耳枕，在枕头上挖出个空洞，即为耳枕。耳枕内塞荞麦壳、糜子、薰衣草、艾绒等七八种填充物，有助眠功效。除此之外，加工产生的废渣也能卖钱，那是养猪、养鸽子的上好饲料。

朴素的荞麦和一群群与荞麦结缘的人，就这样慢慢走出了一条致富路，成为脱贫路上不容忽视的力量。

↑ 荞麦收获。摄影 / 何武东   ↓ 未脱粒的荞麦粒呈三角形锥体。

各式荞麦枕

盐池盛产荞麦，将荞麦壳脱去，收集起来，可以制成荞麦枕。我们在盐池看到的荞麦枕的主要形式是耳枕，在枕头上挖多个空洞，即为耳枕。耳枕内塞荞麦壳、糜子、薰衣草、艾绒等七八种填充物，用以助眠。

吊穗锦缎枕

二十八孔锦缎耳枕

六孔耳枕

七孔耳枕

制图／吴立影　摄影／陈静

剁荞面。摄影 / 陈静

荞面的风味记忆

随便走进盐池一家荞面馆，单纯想点一碗面果腹，结果菜单上那十几种面食名称常常让外乡人蹙眉良久，饸饹、搅团、摊馍馍、搓耳、刀削、酸汤面、洋芋擦擦……从形到意，让人浮想联翩：面团究竟是如何在刀具、手指，或者别的什么工具引导下，变化出这么多姿态的？

盐池人擅长粗粮细作、细粮巧作，荞麦的每一次变身都令人着迷。比如搅团，大盘子端来，满满一盘，如小土堆般敦实，灰白颜色，乍看朴实无华，然而好吃的奥秘全在

旁边的一碗汤里。酸菜浆水做的汤，掬一点咸韭菜、山芋丝，或者当季腌制的乳苣（俗称"苦苦菜"），红油辣子漂浮其上，夹一块搅团放进汤里，这下五味俱全，入口绵软又筋道。搅团的"搅"是指将荞面粉放入米汤中，用擀面杖依顺时针方向不住搅拌，时间越长，米浆和面便混合得越匀，口感才会越筋道。

在王乐井乡赶集时，我们见街头饸饹面摊上支着一口大锅，沸水咕嘟作响，锅上架一个压面器，店家将揉好的面团揪下一块，塞进压面口，再压下栓子，一根根面条便从细孔中游出，落入沸水中。不消片刻捞出，

荞面饸饹现吃现压，盐池人家家户户
都备有这样的压面器。

羊肉臊子是荞面饸饹的标配。
摄影/王家乐

浇上臊子，撒一把碎青蒜，美味即成。

　　一碗地道的盐池饸饹面，当然出自地道
农家。

　　暮春时节，麻黄山乡杏树湾村的山杏
早已谢尽芳华，玉米刚种上，荞麦还未下
种，吴右梅难得有空闲，在厨房里忙碌着，
特意为我们做一桌荞麦饭菜。饸饹面自然少
不了。麻黄山的荞麦在盐池县是出了名的，

它胜在面粉磨得极细极匀，不掺一点白面也
韧性十足，不像有的地方，离了白面，荞麦
口感就变得松弛，全无嚼劲儿。早年农家做
饸饹用的是木制压床，两根硬木搭成骨架，
利用杠杆原理，将面团压成面条，极为笨
重。做一家人的面条，得两个壮汉反复压；
更大的床子甚至需要一人坐在硬木一头，利
用体重方可压下。如今，连农村都很少见到

在盐池，荞麦有不下 10 种做法。除了最常见的荞面饸饹，还有荞剁面、搓耳、搅团、油圈圈、凉粉等做法。揪一小撮荞面，在手掌上一搓，便是荞面搓耳。摄影 / 何武东

荞麦搓耳浸在羊肉汤中，口感软滑。
摄影 / 何武东

这老古董了，取而代之的是轻巧快捷的金属床子。

和面是个技术活儿，面软了，粘在床子上不说，压出来全是疙瘩，没法吃；和得又硬又干，则根本压不出来。吴右梅还没出嫁时，母亲便手把手教她做荞麦面的技巧，"麻黄山的媳妇儿都得会做咧，不然叫人看不上！"那边煮面的工夫，吴右梅开始做羊肉臊子汤，肥瘦相间的羊肉和白萝卜、土豆、豆腐细细切成丁，满满当当一大盆。灶中火要大，油要旺，等锅里油熟了，一股脑倒进去翻炒，待香味四溢时倒入干水，滚过几滚之后，撒一把自家小院种的青蒜叶，一大锅油汪汪漂着红辣子的羊肉臊子汤便上了桌。相比之下，我更喜欢她做的酸汤，辣椒面、蒜末炝锅时，顺手加一小把晒干的泽蒙

吴右梅和老伴站在自家院门外，簸箕里盛放着小杂粮。吴右梅家的位置极有特色——地处宁夏省域，俯瞰着甘肃的稻田。

花，滋啦一声，瞬间异香扑鼻，平添浓郁山野气息。

我们每人从六盆中捞一筷子饸饹面，放进小碗，再浇一勺臊子羊肉汤或者酸汤，就着一碟子腌韭菜、咸白菜，酸辣鲜香，不知不觉，能吃三碗。

小院外，五月的风掠过黄土高原，将天空擦拭得湛蓝。明亮的阳光洒进厨房，红的辣椒、番茄，绿的韭菜、青蒜，白的豆腐、羊汤，都是出自这片土地的斑斓色彩。

除了饸饹面，另一个足以让盐池人郑重推荐的，当属荞剁面。

顾名思义，荞剁面讲究的是一个"剁"，可用的绝不是普通菜刀。我在何慧燕家中见到了她平时常用的剁面刀，那是一把双柄单刃刀，形如不带底的铡刀，双手握住两侧刀把，刚好与肩宽相差无几。只见何慧燕将和好的荞面团擀成了一块长方形薄片，然后提臂悬肘，双手持握刀柄，同时用力向下剁面，一剁一拨，随着一连串急促的嗒嗒声，案板上渐次排出一小堆面条，如机制面条似的，宽窄一致，根根分明。

"这看上去简单，实际上很多人可能一辈子都剁不好。"

荞麦面团含面筋少，延展性不佳，要做成细长又有韧性的面条很不容易。过去，盐池农村的女性都会做荞剁面。有些地方的新娘子嫁过来第三天，就要给全家人做一顿剁面早餐，以观手艺如何。

何慧燕麻利地将切好的面条装入盘中，手腕上下用力，继续剁着。看得出来，这门技艺极是考验双手配合与力度的掌握。她在娘家时就是出了名的能干，做得一手好饮食。1999 年，她和婆婆两人在县城开了一家荞面馆，偏偏被荞剁面难住了，剁出来的面歪歪扭扭，粗细不均。没办法，她只能天天在家练习，手腕都累得抬不起来，手艺成了。一晃二十多年过去，她还是那个巧媳妇，店里生意红火，她的剁面手艺更加精湛，刀下的面条可宽如裤带，亦可细如柳叶，吃起来各有风味。

每逢年节，许多在外地工作的盐池人回到家乡，常常会直奔何慧燕的荞面店，心急火燎地叫道："来碗酸汤荞剁面！"等吸溜完碗底最后一点汤汁，一颗思乡的心才算落定。那一碗荞麦面，是祖祖辈辈传承的味蕾记忆，也是千百年来盐池人在荞麦地里跌宕起伏一生的滋味。

黄花菜：
来自沙地的清甜滋味

撰文
王砚

摄影
冯大伟 等

当你在盐池的某个餐厅，面对桌上的几碗本地羊肉、羊杂、土豆、洋葱制作的菜肴时，眼前忽然出现一盘别致的菜：细长温润，微绿中泛着淡黄，似蔬非蔬，略尝一口，柔嫩而又略带香甜，那一刻你一定会感到惊异，原来那是花蕾——黄花菜的花蕾。

在一个物产并不算丰饶、以大块吃肉为乐事的豪迈西北小城，以花为馔，风雅二字已不足以形容，只有满心的珍怜。然而黄花菜在这里并没有受到特殊优待，和所有坚韧的"小杂粮"一样，它也要在贫瘠的土壤里奋力扎根，坚强求生，才能开出繁花。人们对黄花菜的情感极深，不仅因其娇媚，更因为它所带来的经济价值，那一片片金黄的花田早已和千万种植户的生活密不可分。

凌晨的点点灯光，闪烁在黄花菜田野

七月十三日凌晨一点，惠安堡镇大坝村的村民陈志春和妻子便出了门。四周沉静在一片黑暗里，头顶星空璀璨，草丛中虫鸣起伏，脚步声沙沙作响。他俩戴着头灯，微黄的灯光照亮了那条通往自家黄花菜地的沙土路。从 2013 年搬迁到这儿，每年的夏季，他们都是这样半夜即起，趁黄花菜还未全然绽放时去采收。田地里，早已有几束灯光摇曳，起得更早的村民已经开始忙碌了。几乎一人高的花丛间，露水清凉的气息夹杂着淡淡花香，隐约见人们手指上下翻飞，将一枝枝颀长的花蕾摘下，放进腰间系着的袋子里。凌晨 4 点，大坝村近 5000 亩黄花地里，灯火如同星光闪烁，连同劳作者的剪影，油画一般印在广阔的原野上。

正午，气温急剧升高，人们陆续收工，来不及采下的黄花已然盛开，它属于百合亚纲下的萱草属，有着像百合花一样硕大的花朵，花瓣卷曲，色泽金黄，吐露出长长的花蕊。远远望去，如同一大片凝固在大地上的金色阳光。

陈志春夫妻已经采摘完了花蕾，但还无法休息，回家后得给花称重、杀青、晾晒。这段时间，他们每天只能睡上四五个小时，又累又兴奋。

种植大户雇请的帮工们拖着装满花蕾的大口袋，在地头等着称重结算。一斤一元，一天下来，最高能挣二三百元。这份工作很

采摘黄花菜一般从凌晨三到四点开始，必须在中午十二点完成，一旦太阳太大，黄花菜开花，便不可食用了。

茂密匝匝的黄花菜下，是看不见的滴灌管道。黄花菜是需水量较大的植物，所以在盐池，黄花菜集中分布在城西相邻城安堡这两片扬黄灌区。

采摘时必须带着花梗采下，否则黄花菜就会抽丝。

黄花菜采摘争分夺秒，采摘下的黄花菜需要立刻进行蒸汽杀青。蒸汽杀青一般需要七八分钟，不可太久，否则黄花菜颜色便会变红。摄影／牟将

受当地妇女的青睐，她们手脚麻利，勤快，一点也不怕累。

村里有十来家黄花菜种植专业合作社，此刻也都忙得不可开交。工人们在晒场上晾晒黄花菜，而在分拣车间里，工人们按照品种、大小，将黄花菜进行分类并装入冷冻库。社长们的电话铃声不时响起，天南海北的客商纷纷开始订货。

这是星光与日光交织的一天，也是为黄花菜操心的盐池人至为平凡的一天。

沙地里的繁盛

五月初，我在惠安堡镇的移民村——大坝村第一次见到陈志春，他正和妻子一起在黄花菜地里锄草。烈日当空，两人一头一尾远远地相对而锄，脸上满是汗珠。"灰条"是一种黄花菜地里常见的杂草，当地人叫它"灰灰菜"（学名"藜"），几天不管的话，蔓延得极快。夫妻俩锄完自家 11 亩地怎么也得三天。

陈志春其实是甘肃庆阳人，搬迁至大坝村不过十二年，"老家净是深沟，一下雨人也走不了，地也种不好。"他想搬到更宜居的地方，于是在相邻的盐池几个乡转了转，最后选择了大坝村，他看中这里是扬黄灌区 [1]，有水。庆阳有着悠久的黄花菜种植历史，陈志春也会种。但是刚来那两年，他种的还是糜子、荞麦、玉米，刚够一家人的温

---

1. 宁夏中部和南部地区虽离黄河不远，但因高程问题引水困难，干旱问题严重，政府通过"宁夏扶贫扬黄灌溉工程"等水利工程引黄河水帮助群众灌溉，改善群众生产、生活条件。

饱。后来，政府鼓励村民们广种经济作物，经过一番考察，还从庆阳引进了品质优良的黄花菜，他想也没想就种上了。

深有同感的还有大坝村的第一批种植户刘仲银。他也不是本村人，1997年从盐池南部的麻黄山乡搬到了这里，一家人分到了十几亩地。他还记得第一年种黄花菜收入就有3万元左右，把他高兴坏了，要知道，过去他种一年玉米收入也不过1万元。他索性把所有的地都改种了黄花菜。靠着这十几亩地，他将家里两间小房子变成了四间房和一个大院子。

惠安堡镇地处盐池县西南部，是一个以农业人口为主的城镇。当地很早就有种植黄花菜的传统，只不过都是零星种植，以观赏、食用和贴补家用为主，种植区域也仅仅局限于菜园和庭院，但惠安堡镇在黄花菜种植上有着得天独厚的优势：这里土地资源丰富，有7.6万亩的扬黄灌区；而黄花菜本身属于抗旱节水的作物，每亩每年仅需215立方米水，可节水50%以上，是一种比较好伺弄的作物；惠安堡地区光照时间长、昼夜温差大，虽然气候干燥，但地下浅水层的分布较广，水位高、水中矿物质元素含量高；盐池县本是畜牧大县，牛羊粪充足，可作黄花菜种植底肥，为黄花菜增加营养提供物质保障，提升绿色无公害水平。

惠安堡的地理、气候和土壤条件都有利于培育黄花菜优良品种，当地引进的"大乌嘴""大金条"品种在这里可谓找到了乐土，生出的花蕾颗颗饱满修长，条纹清晰，含糖量高。而且，它耐寒、耐旱、耐瘠，发达的根系既能防风固沙，也能保持水土，可谓一举两得。"2021年盐池干旱严重，但黄花菜还能保持一亩2000斤的收成，"杜记沟村村民贾进说，"若是丰年雨水好时，一亩地能产约4000斤。"

黄花菜最怕的是昼伏夜出的蓟马，这是一种黑色小虫子，总爱吃最嫩的部分，但农民也不怕，因为政府有补贴，会统一治理。实际上，病虫害防治补贴只是诸多助农政策中的一项，为扶持产业稳步发展，盐池县出台了"322"的补贴政策，财政安排专项资金，按3：2：2的比例，分3年发放700元/亩的补助，鼓励农户套种籽瓜、西甜瓜、胡萝卜等经济作物，解决了黄花菜种植前三年收入低等问题。

惠安堡镇先后建成隰宁堡、大坝、狼布掌、杜记沟四个黄花菜种植基地，打造了国道338、国道211沿线的黄花菜产业带，成立了永昌等13家黄花菜种植专业合作社，还有8个村级黄花晾晒场，全镇人均从黄花产业中增收了6000多元。

这娇媚却不娇气的花儿给盐池县带来了每年2.5亿元的产值。现在，盐池县黄花菜种植面积8万余亩，共有3000多户农民参与种植，每户一年平均可增收2万多元，遍地黄花已经成了盐池县除滩羊产业之外的第二大产业。

对纤细黄花的细心呵护

看似娇媚的黄花菜实际上十分好打理。第一年，瘦弱的小苗乱蓬蓬如杂草，可以间种一点豆类；第二年它就会迅速成长，第四

采摘工人们凌晨开始采摘，虽天色漆黑，但他们熟练麻利，速度快的一人可以摘 300—400 斤。

年就进入了盛花期，只要耐心除草、施肥，便能持续开花十几年。

收下来的花蕾要迅速杀青，否则就萎了。过去条件有限，农民们将花蕾放进自家的一口大锅里蒸，蒸的时候须严格控制火候，不能太鲜，也不能太老，通常水烧热即可关火，然后用余温将黄花菜慢慢蒸至七八成熟，千万不能用猛火沸水，否则花蕾就会蒸透发红，晒干后颜色变黑，放汤里一煮就不成形了。这是一个技术活，稍微不留意就容易失手。现在，大坝村家家户户门口都立着一个小型锅炉，专门用来蒸黄花，时间和温度可以根据数量自动调控，非常省事。使用也很方便：将成筐的花蕾叠好，用大塑料布罩上，把输送蒸汽的几根皮管伸进罩子里，不一会高温蒸汽便充满了密封罩。大型锅炉蒸5000斤黄花菜只需要40分钟左右，节省了时间，提高了效率。

杀青后的黄花菜就可以放在架上进行晾晒了。七月正是晒制干黄花菜的最佳季节，炽烈的阳光足够封存花香，且比烘干机烘出来的香味更浓郁，这正是盐池黄花菜最富优势的特点之一。年均12摄氏度以上的昼夜温差可减慢黄花菜中葡萄糖向乳酸转化的速度，使黄花菜甜而不酸。晒干的黄花菜仍然保持着漂亮的淡金色，外形修长，足有十几厘米。"我们的黄花菜就是特别长，颜色又黄，这才好咧。"刘仲银说。

盐池黄花菜干菜长度一般大于10厘米，色泽淡黄或金黄，肉质肥厚均匀、有光泽，尤其是独特的清甜脆嫩口感令人难忘，是黄花菜中的佳品。

黄花菜因花期只有一天，故英文名叫

在惠安堡大坝村，几乎每家每户都能见到用于晾晒黄花菜的筐。

"daylily"。而在中国的古诗词里，它有许多更美好的名字：萱草、忘忧草、金针……之所以叫"菜"，只因它的花蕾晒干后，清香微甜，实为入馔佳品。盐池农家流水席上有道极富地方风味的"八宝菜"，其实就是烩肉，烩的是羊肉丝，众多辅菜中除了豆腐、粉条、香菜、蒜苗等之外，必定有一味黄花菜。盐池宾馆的大厨更是利用黄花菜创制了二十几道菜品：捞汁黄花菜、椒盐黄花菜、黄花菜丸子、黄花菜杂粮炖羊排、黄花牛尾煲、面蒸黄花菜……品相俱佳，药食同源，成为许多外地游客来盐池必尝的菜肴。

好产品自然不愁销，这几年，盐池黄花菜完全是靠自身品质赢得了市场。早在2002年，盐池县最早有农户种植黄花菜的时候，种苗都是从别的产地采购回来的。尽管产量少，到了三年成熟期以后还是有收购商找上门。一来二去，盐池黄花菜的好口碑慢慢建立起来，越来越多的经销商都愿意采购盐池的黄花菜，现在产品已经销往北京、上海等许多城市。继盐池滩羊产业红火之后，黄花菜也跟着兴旺起来，随着产值利润快速增长，已成为当之无愧的全县第二大致富产业。

穿行在盐池的黄花菜地里，黄沙还是会落满鞋面。但你能深切地感受到，人和花朵对土地都是如此纯朴真心，一个勤劳耕作，一个热烈绽放，将收获的甜美与丰盛慷慨奉献于天地。

盐池气候干旱、日照时间长、昼夜温差大，是黄花菜理想的晾晒场。这里的黄花菜是自然晒干的。在中国几大黄花菜产区中，盐池出产的黄花菜味道鲜甜，品质上佳。摄影/年将

二毛皮，
如雪飞浪

撰文
孔雪

摄影
冯大伟 等

没人忍得住不对小羊羔着迷。

早在乾隆二十年（1755年）出的《银川小志》中，就有滩羊裘皮花穗美观漂亮，"有禾采之貌"的记载。这里所谓"花穗"，指从30日龄左右的滩羊羔身上的"二毛皮"所特有的"九曲弯穗"。由二毛皮制成的皮裘华丽但不奢靡，蓬松又不臃肿，有"西路轻裘"之美称。

而今在盐池任何一家皮毛制品店，你都能找到二毛皮所制的现代服装与工艺品。雪白成绺的柔软羊毛仍保留着独属于小羊羔的俏皮轻灵，保存多年的二毛皮制品更有一份不败于时间的鲜活之美。

毛穗如雪，是那种日光初照后似有流光的晴雪。只需看几眼，人们便要感叹滩羊羔真是造物者的灵光之作。这片雪白之中，盐池二毛皮的产业之路如雪飞浪，百年间走过了一段风雪交织的路。

悠远的情谊

千年以前，盐池与羊就结下了深厚情谊。及至近代，盐池县农牧兼容，牧业有滩羊与山羊两个主力品种，合力成就了盐池与羊为伴、因羊而兴的特点。滩羊毛纤维细长均匀，富有光泽和弹性，是毛线、毛毯和地毯的最佳原料，羊皮柔软耐磨，可作皮衣；山羊皮毛亦可制衣、制毡、纺线。据盐池县非物质文化遗产保护中心的刘向东介绍，20世纪80年代以来，盐池滩羊养殖数量逐年递增，渐成皮毛产业的主力。

如今盐池七八十岁高龄的老人仍记得大集体时代那些与羊紧密相依的日子。善养羊的"羊把式"、懂兽医的"羊医生"、接羔员，都是当时受尊重的人。盐池人谈婚论嫁，少不了用羊、"皮筒子"（羊皮袄）、毛毡制品做嫁妆，以清水羊肉待客。乡里乡外总流传着几个因羊发家的故事。人们还习惯把羊挂在嘴上，用"穷得只剩下皮袄毡毯"说困窘，用"黑夜想到天上，醒来睡在毡上"打趣人好高骛远。

最难忘是过去的冬日图景。盐池乡野，冬日苦寒，最冷可达零下三十摄氏度，手脚都要被冻烂。人们冬日仍要放羊或打场，裹上皮筒子就有了救命稻草。它不仅御寒，还

将米石和碎或盐混合，用以熟制二毛皮。上好的盐也二毛皮需 24 道工艺流程。摄影/三家禾

将熟制过的二毛皮整放好，等待后续处理。

轻便耐用，不发黄，家家户户都会攒钱做上一件，能穿二三十年。入夜，人们钻进窑洞，烧起火炕，屋中再架起火盆，寒夜里点起煤油灯，吃的是糠窝窝、硬糜子馍馍或荞面饸饹。条件好的人家，炕上铺着厚实的羊毛毡。它软硬适宜，还防土隔潮。而毡窝窝（毡鞋）、毡帽、毡袜则是那时的奢侈品。

熬过如此冬日，皮袄匠和毡匠功不可没。

生于 1944 年的刘文会老人，曾是盐池的一位皮袄匠人。他还记得 13 岁在家庭作坊中随父辈学做皮筒子时，初学"铲皮"的艰辛。刘文会家中还保存着当年的老工具，有简易的木柄铁铲、铁刀。受条件所限，旧时皮筒子的原料不拘于羊羔皮，也用成年羊皮。工序用料也很日常，如熟制时会用豆面、麻油。经选皮、裹板、打灰、清板、熟制、洗板、大裁、成样、细缝、成品，一件传统的手工皮筒子即成。

据县文化馆资料，盐池的皮袄工艺可溯至清末民初，山西、河北一代的皮革匠来此谋生传艺。盐池皮袄匠在传承中总结出很多经验，如二毛皮依等级高低分四种：冬皮（十月至十二月产）、春皮（正月至三月产）、夏皮（四至六月产）、茶皮（七至九月产），还有里手皮、外手皮和西山皮、沙地皮等分法。

毡匠则可追溯至更早。宋元时期，西北地区多民族杂居，盐池的擀毡技艺便是由蒙古游牧部落传入，以羊毛、牛毛等为原料。20 世纪 70 年代，李文志花了几年时间学习全套擀毡技艺，而今他是盐池为数不多的擀毡技艺传承人。擀毡工序大致分为捡毛、弹毛、铺毡、洗毡、整边等，工具有巨型

弹弓、拨子、竹帘皮带、套子等。俗称"毛毛匠"的毡匠们也有颇多技艺经验，譬如选毛，优选毛穗整洁干净、自然或弯的秋毛；绵羊毛与山羊毛都可作毡，但若混用则易松散。

过去，皮袄匠、毡匠常三五成群，走乡串巷，颇受尊重，比如盐池曾有"一做官，二打铁，三弹毛，四擀毡"的说法。传统皮筒子和毛毡制品历经古盐州的风沙岁月，仍是盐池人抵御风寒的首选。今天漫步在盐池县长城公园里，仍能读懂古寺《长城关远眺》中那句"三春不解毡裘服"的意味。

毡匠、皮袄匠是盐池传统皮毛行当的代表。他们用简易的工具、质朴的原料、"唯手熟尔"的感官经验，在艰苦年月谱出一曲饱含人羊情谊的乡土小调，亦奠定了盐池现代皮毛产业朴素且温厚的基调。

百年起风雪

花开两朵，当传统皮毛行当在乡野间自然延绵，盐池近代的重要历史事件则牵引出另一抹红色革命情怀。其对盐池皮毛业影响深远，亦奠定了它从传统迈向现代的基础。

1939 年，国民党对共产党领导的陕甘宁边区实行军事和经济封锁，边区军民衣食紧缺。为打破围剿，军民展开自救。1942 年盐池县第一家工厂——元华工厂应运而生。

据县文化馆资料，从 1942 年到 1945 年，元华工厂用羊毛为边区制作出衣胎、被胎、毡帽、毛毯等共计 12 万余件。边区战士头戴元华做的毡帽，身穿元华做的皮袄，

盖着元华制的毛毯。元华工厂为活跃边区贸易、支援抗日战争做出了巨大贡献。

元华对盐池皮毛业的重要影响，主要在于其工业生产部门设毛布、地毯、擀毡、口袋四组，以绒毯机、花格毛毯机等建立了毛毯、毛毡、地毯的现代生产线。尽管1947年元华被迫停产，但它已然搭建起盐池皮毛业的产业框架与物质基础。元华之前，盐池皮毛业只有零星的小手工业作坊；元华之后，皮毛业已有集中量产的实践与基础。

元华退出历史舞台后，皮毛业回归家庭作坊。1964年，盐池县国营皮毛厂（俗称"白皮厂"）成立，它延续元华开辟的道路前进，在20世纪80年代迎来盐池皮毛产业的又一高峰。

这一时期，盐池滩羊养殖量大增，以滩羊羔皮为原料的二毛皮替代皮革制品，成为皮毛产业的出口创汇新秀。上好的盐池二毛皮需24道工艺流程：选料、打灰、抓毛、称重、浸水、冲洗、第一次脱脂、冲洗、浸硝、去肉、第二次脱脂、软化浸酸、鞣制、静置、中和、加脂、静置、干燥、回潮、伸展铲皮、晾晒去潮、铲皮净面、除灰、整理入库。这与同期乡间皮袄匠人的工艺对比，已有了传统行当与现代产业的分野。1980年，皮毛厂有职工120人，年产皮毛制品2万余件。二毛皮制成的皮袄、围巾、马甲、皮褥等出口外销，供不应求。

产业迅速发展的另一体现在于机械化。人们对于传统手工业往往有误区，认为手工才是本真。据县文化馆资料，20世纪70年代二毛皮多为手工生产，而到1979年皮毛厂已购置铲皮机、合缝机等，开启了半机械

化生产，此后不断革新生产线。20世纪80年代，皮毛厂工人就经历了从手工匠人到技术工人的身份转变。可惜1990年因市场需求巨变、产品类型单一等原因，皮毛厂倒闭了，盐池皮毛产业迈向现代化的脚步再次停顿。

手工作坊又一次成为主力。从"一团火"散作"漫天星"，下岗工人们独立创业，成立零散的家庭作坊，在并不宽阔的家庭作坊里重归手作。20世纪90年代，正是这些白手起家的小作坊让皮毛业得以在压力下喘息和传承。

那段艰难搏出路的记忆，仍留在高俊玺、李巧梅夫妇脑海中。如今他们创立的盐池县蓝豹皮毛制品厂（简称"蓝豹"）已具备中等规模，其前身正是下岗后夫妻俩建起的小作坊。

走进蓝豹产品厅，视野即被密密麻麻堆放着的二毛皮经典产品——马甲占据。"二毛皮马甲在20世纪50、60年代是奢侈品，那时谁家里有个二毛皮，都算大件。"高俊玺说，店里接到过40多年前的老马甲——孩子把过世老人的皮衣拿过来换面加工，传承下去接着穿。"盐池人很少丢掉老的皮毛衣物，有用没用就在家里放着。"

他又拿起一块二毛皮，那是一片四肢分明、已处理好的滩羊羔皮。"滩羊羔整日吃奶、吃草，正是好年纪。"高俊玺言语之中满是对羔羊的喜爱。他介绍，二毛皮处理后的原料大小基本在0.4—0.5平方米，根据毛穗情况进行分级，可制成马甲、围巾等。"不能指望所有小羊羔按数据长，也不能指望它们浑身上下没有瑕疵。"每只小羊羔都

不一样，且每片二毛皮上的雪穗都打着天然的旋儿。

"冬敛暖窝，春放洼，夏放梁头"，这是滩羊的饲养节律。二毛皮也分淡旺季，冬季为销售旺季，春夏重在加工。上好的二毛皮制品定价过万，销量有限，平价马甲、围巾定价几百元不等，年年常销。

追溯历史，二毛皮的量产、畅销快速提升其实是近50年的事。高俊玺见证了盐池滩羊产业的起伏，经历过皮毛厂的兴衰，他用"细水长流"形容自己的二毛皮事业，"像一棵不高大但常青的树。"他解释说，蓝豹主营皮革加工、私人服装订制，二毛皮产品占20—30%的份额。不求量化，合理搭配，这是不少盐池家庭作坊与中小规模皮毛厂家的选择。

质变与思变

20世纪90年代，还有一个人历经皮毛厂的盛衰，成长为今日盐池二毛皮产业的领航者。她让人看到，守业的长情与人心的思变，在盐池皮毛产业中能够和谐共存，这让一个传统行当成功蜕变为现代产业。

很多采访故事讲述过周永红从下岗女工到产业领袖的传奇转变。1982年，周永红进入风头正盛的皮毛厂，8年后她和丈夫却双双下岗。反复筹划后，夫妻俩以1000元自筹款、1000元贷款，在不足30平米的作坊里开始创业。发展至今，宁夏盐池美雅滩羊裘皮有限公司（简称"美雅"）已成为集二毛皮熟制、鞣制、成装制作于一体的宁夏龙头企业。

美雅成功的关键，是守业同时的持续思变。一些传统行业之所以能在新时代实现化蝶般的飞跃，往往在于那些在两个时代中"架桥"的人，周永红即是如此。"我脑子里一天到晚都在想滩羊。"周永红回忆，早在技术和设备条件有限的皮毛厂时期，厂里那些需要巧思的新项目就常由她承担。"那时我一边给猪喂食一边想怎么突破，猪食顺着猪下巴滴滴落落在地上，我就觉得猪食好像我缝线时的针脚，真是走火入魔。"她笑道。

在美雅，有很多靠着"一天到晚想滩羊""走火入魔"最终做成的事。最显眼的是琳琅满目的展厅：从身上穿的二毛皮皮袄、皮革制品、新款外套，到头上戴的滩羊皮帽，脖子上围的长短围巾，肩上背的大小女包，再到日常用的皮褥、纸巾盒、抱枕、标本、摆件……团团雪绒，应有尽有。不少产品源自客人的要求，譬如柔软可爱的滩羊帽就源于一家滩羊馆老板的订单。而更多是周永红的创想，譬如传统的围巾，从"一团雪"改成"一肩薄雪"，适应年轻女性的审美——这是她从一家面馆由大碗面改卖小碗面中学来的心得。展厅也是美雅快手直播间的场地，互联网时代，美雅开始以直播扩大客群，引流年轻群体。

与之相对应，车间设备与用料都在更新。美雅的流水线车间遵循反毛厂时期的经典工序，除了二毛皮初裁仍靠手工，其他各类染料、洗剂与设备都随技术的发展与环保意识的增强而与时俱进。"古人洗皮袄用烧酒掺细米粉，过去我们鞣皮子用米面，皮毛厂洗皮子用洗衣粉，现在我们用环保洗剂。"

二毛皮可加工制成皮袄、围巾、马甲、皮褥等。

←　按照纸样裁剪出服饰轮廓。

↓　刷去浮毛，二毛皮所特有的九曲弯穗
　　显得越发轻盈、整齐。

在她看来，与时俱进，顺理成章。

以二毛皮鞣制工艺为例，民间传统的鞣制工艺用缸、用火炕。到了皮毛厂，鞣制工艺所用的材料由黄米变为化学制剂，又经过不断的改良逐渐提升效果、降低污染。现在，美雅自主改良的铲皮机已获国家专利，熟制车间完全实现机械化。2009 年至今，美雅共申请二毛皮相关的装置、设计共 8 项专利。

"过去的难人们如踏浪而过，现在的难好像更难，"周永红这样评价。她曾受政府之托为盐池县解放 75 周年设计马甲纪念品，传统产品只需在经典之上做细节改良，而现在这个乱花迷人眼的消费时代里，如何把二毛皮做成好穿戴、实用、可收藏的产品，如何顺应盐池旅游业发展开发小而美的伴手礼，她常感到迷茫，只能让思维随时"流动"。

人也是"流动"的——周永红频繁奔波于各类展销会。"我想让二毛反走出国门，这次中国进出口商品交易会，我们以为国外客人会喜欢这款，结果人家看中另一款。"她苦笑，市场似乎永远在说你做得还不够。

人力，也可以流动。盐池人力不足，职业学院生源有限，周永红就去浙江台州调研，摸索未来生产线的区域跨越，即美雅提供原料与设计，江浙服装行业接手部分加工。如此一来可以解决本地劳动力不足的困境，二来能在冬季没暖气的南方拓展二毛皮市场。

就这样一步步地，不断调整、前行，周永红实现了产品、品牌、企业、产业多层面的革新。如今，不仅企业兴旺，周永红还获得了宁夏回族自治区"劳动模范""宁夏巾帼创业之星"等诸多荣誉。对周永红而言，这些"都是一件事，都是怎么把二毛皮做好这一件事"。同理，她用简单有趣的羊皮拼贴画吸引盐池青少年；用二毛皮马甲馈赠敬老院老人，去成全那代人拥有"大件"的愿望；用女性友好的企业制度招募女工进入皮毛产业……凡此种种，"都是一件事"，都基于现代皮匠这一个身份。

从周永红大道至简的守业哲学，回看盐池近百年皮毛产业，历经数次起伏，羊皮好似一根线，缝着乡野间皮毛匠的手艺，缝着老盐池人对二毛皮的情结，缝着创业者的奋进，也试图缝起下一代人的兴趣。

在盐池整个滩羊产业之中，二毛皮可谓最具艺术性、创造性的一个。它阐释了滩羊产业的更多可能、更美朝向。如今，二毛皮产业正极目望远，让滩羊如雪飞浪，做美的信使，轻盈地将滩羊产业推向更高远的地方。

周永红坐在叠放二毛皮的工作室中。

盐池地毯，
斑斓的柔韧

撰文
孔雪

摄影
冯大伟 等

五月的盐池县城，城墙内外，片片嫣红。顶着开得正好的红槐花，穿过老城南门，一片红砖平房传来叮当声。气候干旱的盐池，论花红柳绿，比不得江南。然而一走进这间朴素甚至有些简陋的地毯家庭作坊，你就能瞬间捕获到盐池的色彩密码。

织工王淑珍就坐在这一片斑斓中。由几个简易长杆拼成的长方体织架顶端，悬着红、蓝、黄、白等三十多种颜色的蜜瓜般大小的线团。在细绒散落、杂物堆满的作坊里，它们像悬着的灯笼，又像浮起的气球，让粗糙的机架好似旧时的雕花轿子。

这便是盐池手工地毯诞生的地方。恰是在叮当作响的简陋作坊里，盐池人织出了外有柔光、内里坚韧的手工毯，它古而不旧，美丽雅观。

刚柔的交织

王淑珍的织架上，有前后两重经线、一道纬线，仿古图纸贴在经线后隐约浮现，以蓝、红为主色的毛线在其间来回穿织——这是一种传统的编织技法。织毯时，经线需用铁刀来回挫擦，纬线每织一道需用铁耙捶打细密，另有一把铁剪如游鱼般在毯面浮游，随时平整浮毛。毛线由盐池成年滩羊毛纺成，经纬线最初采用棉线，因受铁器反复捶打时韧性不够，如今改为韧性更强的混纺线（含棉30%—50%）。此外，织毯时会采用"∞"字结，使经纬双向都有结扣，提升编织密度和厚度，使地毯经久不烂。

谁承想，摸起来柔软的毯子，织起来却叮叮当当，方寸间楔着"千磨万击还坚劲"的硬骨。"看起来很美，织起来很累。"王淑珍说，"手不能停，捶捶打打，久坐，费眼，还要用脑对图案。"为防止铁器伤手和浮毛入口耳，织工们蒙头巾、戴手套、遮口鼻。王淑珍的手套戴了两层，外层爬满破洞。

20世纪90年代，18岁的她进入当时的盐池县地毯厂时，恰逢厂子的鼎盛期。"我在工厂那会儿，几乎家家户户都有个沙发毯。孩子结婚时，条件好的人家会买套大毯子铺床做褥子。"盐池人俗称的"地毯"其实品类颇多，还包括沙发、床铺、汽车用毯。

手工织造地毯需要随时斩断毛线并压实，保证地毯密度。

盐池大多数洗车厂都打着洗毯广告，汽车用毯很是普及。讲究些的长途重卡司机常会在驾驶席和驾驶舱卧铺置办毯子，不仅冬暖夏凉、柔软厚实，还能少生痔疮。

王淑珍手上正做的是一幅尺寸约 3 米见方的新中式地毯，售价 2 万多，算中高档地毯，配色较仿古的传统毯更灵活，通常是来单定做，并不多销。之后，她做好的毯子还需要转入宁夏盐池恒纳地毯有限公司（简称"恒纳"）的厂子，继续一张手工毯的织造旅行。

站在恒纳地毯厂的车间外，扑鼻而来的是混杂着阳光、染料、洗毯液的复合味道，这是盐池地毯产业的集大成所在。像王淑珍

所在的家庭作坊，常将织毯前后的纺线、染线、剪花、洗毯等环节交付于此。

恒纳的厂房也很朴素，零散可见掉漆的地磅秤、老式木柜皮椅，默默倾诉着它们与老地毯厂之间的联系。车间织架多为机梁高3.5 米的大型织架，可承载大型毯的制作。厂里最整齐靓丽的画面，莫过于日光下晒着的各色毯子。相较蓝红配色为主的仿古毯，一些浅粉、米白的浅色新式毯也飘在风中。

广义上，盐池地毯属于宁夏毯的范畴。作为中国手工地毯五大派系之一，宁夏毯多使用阿拉善优质羊毛，依靠西北与中原的往来要道，在明清时期快速发展，至清中期日臻成熟，有"毯中官窑"之美誉。盐池地毯

恒纳地毯厂保存着一幅技艺水准颇高的长城图案地毯，观其细节，山峦的明暗、长城的光影都通过变化的色彩来展现，画面充满立体感。
左图摄影 / 王建波
右图摄影 / 王家乐

在工艺、配色上遵循其传统，又兼具盐池特色。据县文化馆资料，盐池手工地毯的历史可追溯至古波斯，经由文化大融合传到中国新疆，又沿丝绸之路传到宁夏。因盐池地区古时起便有多民族聚居，地毯技艺容纳着党项、汉、藏、回鹘等多个历史民族的智慧。

制作一条盐池手工毯，开始的步骤是选毛、洗毛与纺线。盐池滩羊一年会在春秋无雨天气剪毛两次，从中挑选毛长、质细、底绒多、不潮湿的羊毛纺线。过去也会选用山羊毛，但随着盐池滩羊产业壮大，绒度高、纤维细、兼有弹性与光泽的滩羊毛便成为主要原料。

宁夏地区手工毯的制作工艺大多沿袭宁夏毯的古法，涵盖纺线、染线、绘图、上经、栓绞、打底数、结扣、过纬、剪毛、平毯、洗毯、剪花、整修等十多道工序，进入现代后，许多环节经历了机械化变革，如从人工捻线到机器纺线、从人工染色到机器染色等。

在恒纳，除了选毛、洗毛这两道准备工序，织毯的所有工序都被保留下来。织毯、剪花这两道核心工序仍是手工，洗毯、染色、烘干等已实现机械化。一些老师傅对手工染色很熟，将称量好的染料混合酒精、氨水、助染剂等材料，均匀搅拌后倒入染池，然后浸入原色毛线，浸染一个半小时后，青绿毛线如嫩荷出水，微微泛黄，几分钟后迅速变蓝。只是如今这种氧化变色的"游戏"在机械化染色车间已不见。

另一个斑斓画面出现在洗毯车间。织好的毯子四周留有白穗，彼此系结，之后需要进入长达3小时的"洗毯滚轴"，去除油脂、浮毛、尘土等污垢，再进入下道工序。流彩翻飞，因有白穗连结，会使人产生错觉：所有的盐池地毯都源自同一块方毯，源于同一只滩羊，晒着同一天的光。

未明的前路

盐池县的现代地毯产业，可追溯至1942年成立的元华工厂。

20世纪60年代，以元华工厂毛毯组为前身的盐池县毛纺厂成立，其后来又分成地毯厂与毛毯厂。地毯价高，难入寻常百姓家，主要用于出口创汇，毛毯则更平易近人。20世纪80年代，中国很多北方县城都有毛毯厂，1.5米×2米的提花毛毯风靡千万家。

手工提花毛毯曾与收音机、缝纫机、手表、自行车并列为宁夏人家的大件家当。可好景不长，因工艺落后、产品单一等原因，大批毛毯厂在20世纪90年代初难以为继。盐池地毯厂则一直兴盛到1995年前，年产量达12万英尺，产品远销欧美、日本等地。然而在1997年金融危机与尼泊尔、土耳其等竞争对手的冲击下，地毯厂于2000年倒闭，后改制为宁夏盐池恒纳地毯有限公司。以冯玉仓为代表的一批老员工转入恒纳。

此后近20年间，恒纳与诸多零星手工作坊共存共济，后者多时有近90家，都是老地毯厂的工人靠手艺创业谋生。这类家庭作坊开在寻常街巷平房里，占地不大，放着两三架中小型简易织架，只承担织毯环节。直到近一两年，盐池县围绕长城关、古城墙进行旧城改造，城区内能容纳家庭作坊的老房骤减，恒纳如古长城墩台，在风沙中渐显孤单。

"我干地毯行业三十多年了，说是副总，更是一个平毯工。"冯玉仓说，忽觉已是2023年，他又改口道，"马上四十年了。"如今他撑着恒纳的整条生产线。

客人来了，他也张罗零售，一面请人看地毯流动的光泽，一面说着它冬暖夏凉、经久耐用、不妨碍安全气囊弹出等优点，还亲自在毯子上打孔系带。"有人拿家里二十多年的老地毯来修整清洗，四周棉穗黑了，毯子依然柔韧带光。"他说。

如今恒纳的产品涵盖多尺寸的仿古地毯、美术地毯、壁挂地毯，以及沙发、汽车、床铺用毯。0.85米×1.75米的仿古地毯占产量90%，多销往西藏牧区。这条生路是冯玉仓2018年首次去青海藏毯国际展览会时跑出来的，也是他在考虑手工成本、产品销量、利润率后，掂量出的一个选择。耐用品走出去至关重要，今夏他仍会在展区尽力扩销。

生路不易，前路沧桑。传统手工业在现代往往要经历与机械化的磨合。在冯玉仓看来，手工织毯费人、费时、费力，却不可替代。比如，盐池地毯那种流泻而出的内敛光泽，便是冯玉仓不吝高成本洗毯液与手工织毯双重环节的结果。机织毯的工艺无法承受

1978 年，畅销区内外的提花毛毯。
供图 / 盐池县委党史研究室

经过一个半小时的染色过程，白色毛
线提拉出染色池后迅速氧化，在极短
的时间内逐渐变蓝。

↑　配好染料后，白色毛线需要在染色池　　↓　染过的毛线最后变为靛蓝色。
　　里浸泡一个半小时。　　　　　　　　　　　摄影／王家乐

物

三小时连轴转的洗法，一旦织毯环节机械化，洗毯方式便要调整，但重要的是光泽感没了，机器成本也高。"一旦打开，恨不得分分钟都不浪费，材料不能断续，毯子得不停出。"冯玉仓叹息，"那和现在是两码事。"

无人否认地毯的美，但少有年轻人愿受它的累。恒纳的织毯、剪花手工车间中多为40—60岁的女工，染色、洗毯等机械化车间多为同龄男工。冯玉仓看着老员工，坦诚地说："没有年轻人，厂子最多持续8—10年，我干不动了，它可能就转不动了。"

作为盐池滩羊产业链下游的加工环节，地毯产业小而美，前路未明。地毯行业竞争激烈，一些仿古与新中式图样没有专利，乍看相似的毯子，手工毛毯定价2600元/平方米，化纤地毯定价可低到500元/平方米，而并非所有人都愿意花大价钱买一块毯。盐池地毯虽延续至今，但在创新思变、走出盐池、创意传播等方面仍较势弱，好在提升空间很大。譬如盐池近年兴起的荞麦枕、黄花菜枕，用手工毯材质做外皮，或能联动成为特色伴手礼。种种困局下，让人欣慰且笃定的一点是：物比人长久。手工毯的寿命达二三百年，哪怕这一批织毯人已逝，毯子仍在。

王淑珍还记得十几年前，她曾和15个织工加班完成过4张约4米×3米的大毯，拼接后，巨幅挂毯在一个展馆长久展出。然而具体在何处，这位农家女儿并不知晓。她结婚时还买不起一床毯子。她做的那些毯子上也未曾留下名字。

华美的盐池手工毯背后，坐着的就是王淑珍这样朴素的织工，奔波着的是冯玉仓这样坚守的人。对于盐池地毯的最后一份赞美，当归于朴实无华的手艺人。大家都有一种诚挚的肯定：无论在小作坊还是恒纳的车间，几十年前元华工厂时期盐池人自力更生、吃苦耐劳的精神仍在。然而彼时的创造精神能否让朴实无华的产品在当下有所飞越、创生转机？这至关重要。当上一代人质朴耐劳的精神镌于毯上，下一代盐池人请答这道命题。

织毯时采用"∞"字结，使经纬双向
都有结扣。摄影 / 王建波

图书在版编目（CIP）数据

风物中国志. 盐池 / 陈曼欣，刘勋主编. — 长沙：湖南科
学技术出版社，2024.1
ISBN 978-7-5710-2599-1

Ⅰ.①风… Ⅱ.①陈… ②刘… Ⅲ.①盐池县—概况 Ⅳ.①K92

中国国家版本馆CIP数据核字〔2023〕第246820号

FENGWU ZHONGGUOZHI · YANCHI
风物中国志 · 盐池

主　　编：陈曼欣　刘　勋
出 版 人：潘晓山
总 策 划：陈沂欢
责任编辑：李文瑶
特约编辑：陈　莹
图片编辑：王家乐　陶格如勒
地图编辑：程　远　彭　聪
书籍设计：李　川
责任美编：彭怡轩
特约印制：焦文献
制　　版：北京美光设计制版有限公司
出版发行：湖南科学技术出版社
地　　址：长沙市开福区泊富国际金融中心40楼
　　　　　http://www.hnstp.com
湖南科学技术出版社天猫旗舰店网址：
　　　　　http://hnkjcbs.tmall.com
邮购联系：本社直销科0731-84375808
印　　刷：北京华联印刷有限公司
版　　次：2024年1月第1版
印　　次：2024年1月第1次印刷
开　　本：787mm×1092mm　1/16
印　　张：15.5
字　　数：300千字
审 图 号：宁S[2023]第042号
书　　号：ISBN 978-7-5710-2599-1
定　　价：78.00元